ドラえもんの学習シリーズ

ドラえもんの国語おもしろ攻略

［新版］すらすら作文が書ける

【キャラクター原作】
藤子・F・不二雄
【監修】岩下 修
（元立命館小学校教諭、
国語授業クリエイター）

みなさんへ――この本《ほん》のねらい

作文《さくぶん》で国語力《こくごりょく》もアップさせよう

「作文《さくぶん》は苦手《にがて》…」「作文《さくぶん》はきらい…」。こんな声《こえ》をよく耳《みみ》にします。かわいそうです。自分《じぶん》で見聞《みき》きし、自分《じぶん》で考《かんが》え、自分《じぶん》で行動《こうどう》する。今《いま》の時代《じだい》、何《なに》をするにしても必要《ひつよう》な力《ちから》です。作《さく》文《ぶん》を書《か》くことで、思考《しこう》がスタートします。書《か》き進《すす》むことで、思考《しこう》が深《ふか》まっていきます。作文力《さくぶんりょく》は、国語力《こくごりょく》そのもの。どんな分野《ぶんや》でも、一流《いちりゅう》といわれている人《ひと》で、書《か》けない人《ひと》はいないと断言《だんげん》してもいいくらいです。

なぜ、作文《さくぶん》が苦手《にがて》になってしまうのか？　それは、作文《さくぶん》の書《か》き方《かた》を知《し》らないからです。だいじょうぶです。この本《ほん》では、「作文《さくぶん》の型《かた》」を四《よっ》つしょうかいしています。わたしが、学校《がっこう》で指導《しどう》してきた型《かた》です。型《かた》というと、きゅうくつに思《おも》うかもしれませんが、型《かた》が支《ささ》えとなり、逆《ぎゃく》に、のびのびと書《か》き進《すす》め

岩下《いわした》 修《おさむ》

国語《こくご》授業《じゅぎょう》クリエイター。日本《にほん》言語《げんご》技術《ぎじゅつ》教育《きょういく》学会《がっかい》理《り》事《じ》。愛知県《あいちけん》名古屋市《なごやし》生《う》まれ。公立《こうりつ》小学校《しょうがっこう》、立命館《りつめいかん》小学校《しょうがっこう》、立命館大学《りつめいかんだいがく》非常勤《ひじょうきん》講師《こうし》、名進研《めいしんけん》小学校《しょうがっこう》国《こく》語《ご》科《か》顧問《こもん》教諭《きょうゆ》を経《へ》て現職《げんしょく》。各地《かくち》の学校《がっこう》や研修会《けんしゅうかい》などで、音読《おんどく》、読解《どっかい》、作文《さくぶん》の指導法《しどうほう》を伝授《でんじゅ》している。『スラスラ書《か》ける作文《さくぶん》マジック』『苦手《にがて》が消《き》える作《さく》文《ぶん》スタイル』（ともに小社刊《しょうしゃかん》）、『書《か》けない子《こ》をゼロにする作文《さくぶん》指導《しどう》の型《かた》と技《わざ》』『A《エー》させたいならB《ビー》と言《い》え』（ともに明治《めいじ》図書《としょ》出版《しゅっぱん》刊《かん》）など著書《ちょしょ》多数《たすう》。

ることができます。どのテーマに、どの型《かた》を使《つか》うとよいか、本書《ほんしょ》のなかでしょうかいしています。四《よっ》つの型《かた》を使《つか》い分《わ》けることで、どんなテーマでも、必《かなら》ず書《か》けるようになります。

この本《ほん》では、書《か》き方《かた》のコツ（技《わざ》）もたくさんしょうかいしています。まんがの登場人物《とうじょうじんぶつ》たちは、みんなやる気《き》いっぱい。実際《じっさい》に小学生《しょうがくせい》が書《か》いたモデルの作文《さくぶん》に刺激《しげき》を受《う》け、作文《さくぶん》にチャレンジします。型《かた》と技《わざ》を使《つか》いながら、みごとに個性的《こせいてき》な作文《さくぶん》を完成《かんせい》させていきます。

さあ、あなたも、ドラえもんたちといっしょに、作文《さくぶん》を書《か》いていきましょう。「一文《いちぶん》を書《か》くと、次《つぎ》の一文《いちぶん》が見《み》えてくる。新《あら》たな思《おも》いが生《う》まれてくる…」という作文《さくぶん》を書《か》くことのおもしろさを、ぜひ、味《あじ》わってください。書《か》くことで、作文力《さくぶんりょく》と国語力《こくごりょく》をアップさせ、自分《じぶん》の世界《せかい》を広《ひろ》げていきましょう。

岩下《いわした》 修《おさむ》

もくじ

※この本《ほん》では、監修者《かんしゅうしゃ》が実際《じっさい》に指導《しどう》した小学生《しょうがくせい》の作文《さくぶん》を掲載《けいさい》しています。もともとの雰囲気《ふんいき》を活《い》かすため、言葉《ことば》づかいや表記《ひょうき》の統一《とういつ》などにはなるべく手《て》を加《くわ》えていません。

原稿用紙《げんこうようし》の使《つか》い方《かた》

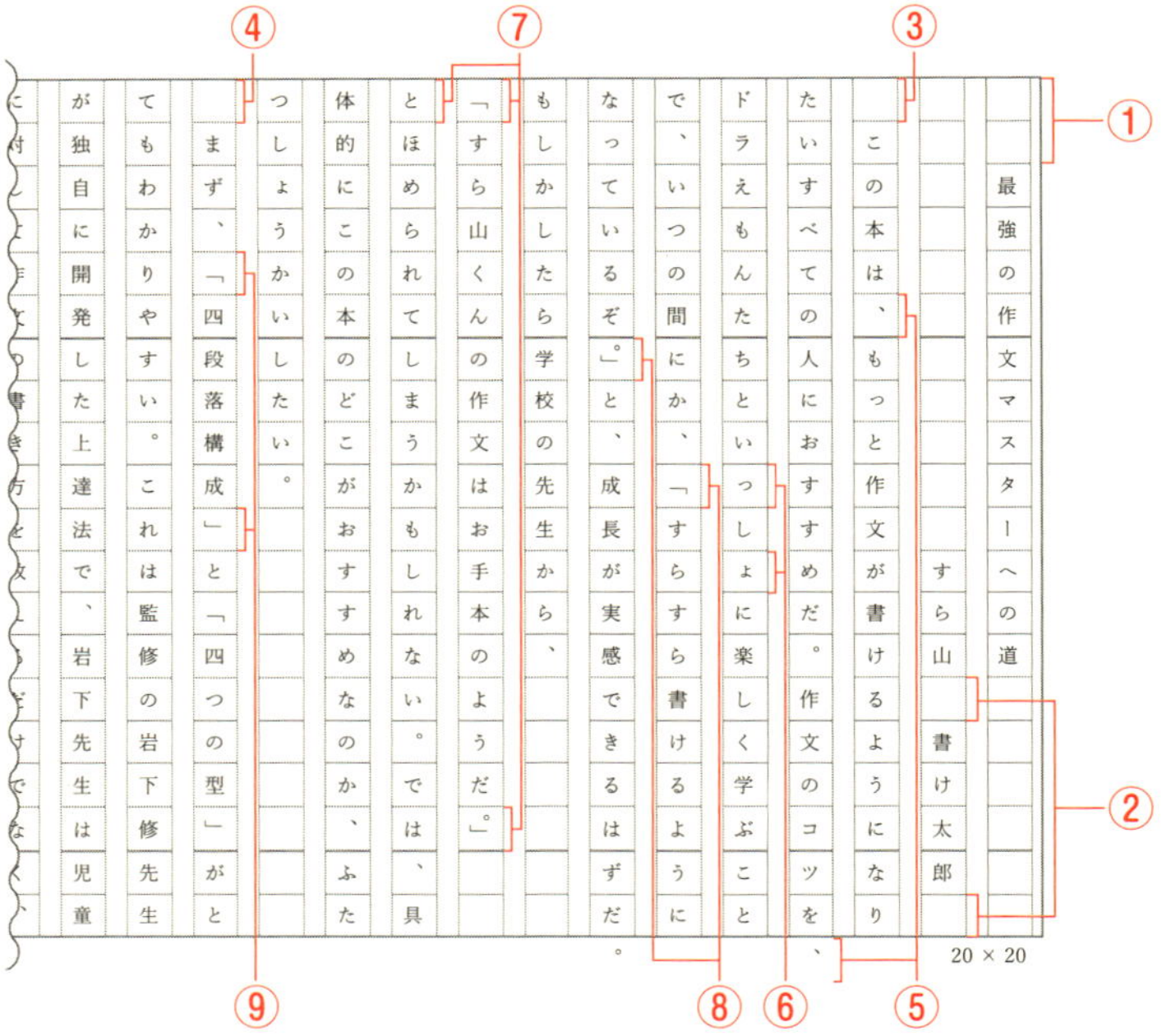

①タイトルは2マスか3マス空《あ》けて書《か》く。

②名前《なまえ》は姓《せい》と名《な》のあいだを1マス空《あ》けて、下《した》は1マスか2マス空《あ》ける。

③本文《ほんぶん》の最初《さいしょ》の1マスは空《あ》ける。

④段落《だんらく》を変《か》えるときは新《あたら》しい行《ぎょう》から書《か》き始《はじ》め、最初《さいしょ》の1マスは空《あ》ける。

⑤読点《とうてん》（、）や句点《くてん》（。）も1マス使《つか》う。行《ぎょう》の1マス目《め》には書《か》けないので、その場合《ばあい》は前《まえ》の行《ぎょう》の最後《さいご》のマスに文字《もじ》といっしょに書《か》くか、もしくは最後《さいご》のマスの下《した》にはみだして書《か》く。

⑥小《ちい》さい「ゃ」「ゅ」「ょ」「っ」も1マス使《つか》う。行《ぎょう》の1マス目《め》にも書《か》ける。

⑦会話文《かいわぶん》はカギカッコ（「」）を使《つか》って書《か》く。カギカッコも1マス使《つか》い、行《ぎょう》を変《か》えて1マス目《め》から書《か》き始《はじ》め、文末《ぶんまつ》の句点《くてん》は下《した》のカギカッコ（」）と同《おな》じマスに書《か》く。会話文《かいわぶん》に続《つづ》く文《ぶん》（地《じ》の文《ぶん》）はそこからさらに行《ぎょう》を変《か》えて書《か》き始《はじ》めるが、1マス目《め》は空《あ》けずに書《か》く。会話文《かいわぶん》が2行以上続《ぎょういじょうつづ》く場合《ばあい》も、1マス目《め》は空《あ》けずに書《か》く。

⑧心《こころ》の中《なか》で思《おも》ったこともカギカッコを使《つか》って書《か》くが、原則《げんそく》として行《ぎょう》を変《か》えずにそのまま書《か》く。

⑨カギカッコは、引用《いんよう》や強調《きょうちょう》、タイトルなどでも使《つか》う。ただし、本《ほん》や雑誌《ざっし》などのタイトルや、カギカッコの中《なか》では二重《にじゅう》カギカッコ（『』）を使《つか》う。

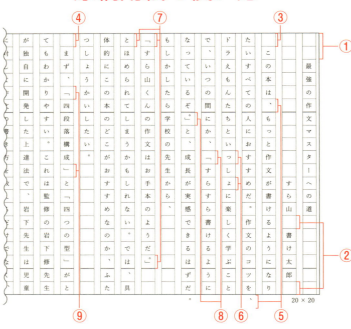

序章《じょしょう》

作《さく》文《ぶん》ってなんだ!?

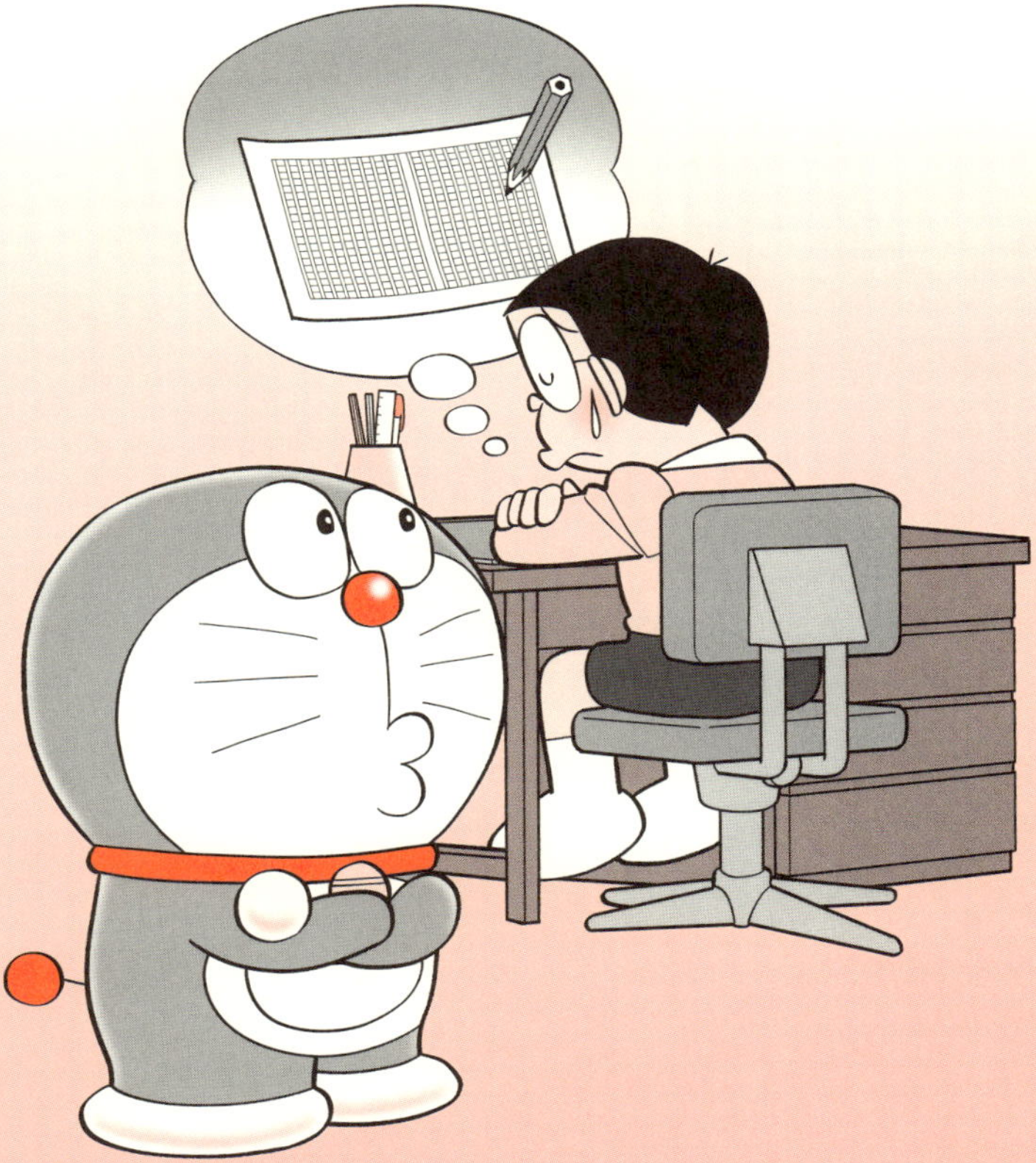

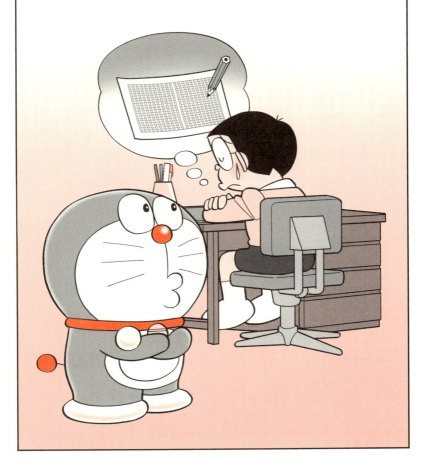

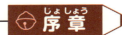

では、次《つぎ》の作文発表《さくぶんはっぴょう》は野比《のび》。

はい……

「動物園《どうぶつえん》の思《おも》い出《で》」。「こないだ、動物園《どうぶつえん》でパンダとライオンとゴリラを見《み》ました。おもしろかったです。」

…それだけ？

野比《のび》、動物《どうぶつ》の名前《なまえ》を並《なら》べているだけじゃ、作文《さくぶん》とは言《い》えないぞ。

まぁ、のび太《た》にしてはがんばったほうじゃないの？

ワハハハ

ドラえも〜ん!!
みんなに作文《さくぶん》をバカにされてくやしいよぉ。
…ひみつ道具《どうぐ》の整理中《せいりちゅう》?
そう。いそがしいから後《あと》にして。
きびだんご
そんなこと言《い》わないで、作文《さくぶん》がうまくなるひみつ道具《どうぐ》を出《だ》してよ!
そんなひみつ道具《どうぐ》はない!!

作文《さくぶん》がバカにされたからなんだ！これがぼくの個性《こせい》だと胸《むね》を張《は》っていれば…
…なるほど、これはひどいなぁ。
ドラえもんまで、ぼくをバカにした！
ワァ〜
わるかったよ。つい…
ビーッ
ビーッ
のび太《た》くんの作文《さくぶん》に「ほしい人《ひと》探知機《たんちき》」が反応《はんのう》している!?
ほしい人《ひと》探知機《たんちき》？
見《み》せたものをほしがっている人《ひと》を探《さが》せる道具《どうぐ》だよ。

ってことは、ぼくの作文《さくぶん》をほしがってる人《ひと》がいるってこと!?
信《しん》じられないが、そうらしい。
家《いえ》のすぐ前《まえ》にいるみたいだ。
ヒューッ
ガイドアローが当《あ》たっている。あの人《ひと》だ!
あの…もしかして、
作文《さくぶん》を探《さが》していますか?
もちろん!なんでわかったの!?

フーム、なるほど…

これは…!!

この作文《さくぶん》を書《か》いたのはきみかい?

はい!

いやー、きみの作文《さくぶん》はじつに…

問題《もんだい》だらけだ!!

えーっ!

作文《さくぶん》とは、あるテーマに沿《そ》って自分《じぶん》の行動《こうどう》や気持《きも》ち、考《かんが》えなどをくわしく書《か》く文章《ぶんしょう》のことだ。自分《じぶん》の好《す》きなもの、思《おも》い出《で》に残《のこ》っていること、意見《いけん》や主張《しゅちょう》など…

そして、大事《だいじ》なのは「だれに」「何《なに》を」伝《つた》えるかなんだ!

「だれに」「何《なに》を」か…

手紙《てがみ》みたいだね。

そのとおり!

「だれに」は、たとえば学校《がっこう》の宿題《しゅくだい》なら先生《せんせい》をイメージしてみるんだ。

先生《せんせい》はきみといっしょに動物園《どうぶつえん》に行《い》ったわけじゃないよね?

だから、行《い》ったことのない人《ひと》が読《よ》んでも、そのときのようすが伝《つた》わるように工夫《くふう》しなくちゃいけないんだよ。

「何《なに》を」は、思《おも》ったことをただ書《か》くだけでは、読《よ》んだ人《ひと》には伝《つた》わらないんだ。

「うれしかったです。」「おもしろかったです。」だけだと、「なぜ」うれしかったのか、「何《なに》が」おもしろかったのか、読《よ》む人《ひと》はイメージできないよね?

まさにのび太《た》くんの作文《さくぶん》だ…

?

『おもしろい。』

結局《けっきょく》、ぼくの作文《さくぶん》はダメダメってことか…
ガクッ
作文《さくぶん》にずいぶんくわしいようですけど、おじさんは一体《いったい》…？
自己《じこ》しょうかいがまだだったね。
わたしは岩《いわ》元《もと》治《おさむ》。小学校《しょうがっこう》の先生《せんせい》なんだ。
作文《さくぶん》が大好《だいす》きで、みんなから「作文《さくぶん》の達人《たつじん》」とよばれているよ。
作文《さくぶん》の達人《たつじん》!?
「達人《たつじん》」ってことは…作文《さくぶん》を使《つか》って悪者《わるもの》をやっつけるヒーローなの!?
達人《たつじん》にどんなイメージをもってるの！
まんがでよくあるじゃない。

作文《さくぶん》は、書《か》くのも教《おし》えるのも苦手《にがて》な人《ひと》が多《おお》くてね。
児童《じどう》だけじゃなくて、学校《がっこう》の先生《せんせい》にも作文《さくぶん》を教《おし》えているんだよ。
先生《せんせい》にも教《おし》えるなんて！達人《たつじん》ってすごいなぁ。
じつはきみのような、作文《さくぶん》が苦手《にがて》な人《ひと》を探《さが》していたんだよ。
どういうこと？
苦手《にがて》な人《ひと》ほど教《おし》えがいがあるし、
なにより作文《さくぶん》のことを好《す》きになってもらいたいんだ！
そうか！
それでぐうぜん通《とお》りかかったところ、「ほしい人《ひと》探知機《たんちき》」が反応《はんのう》したんだ！

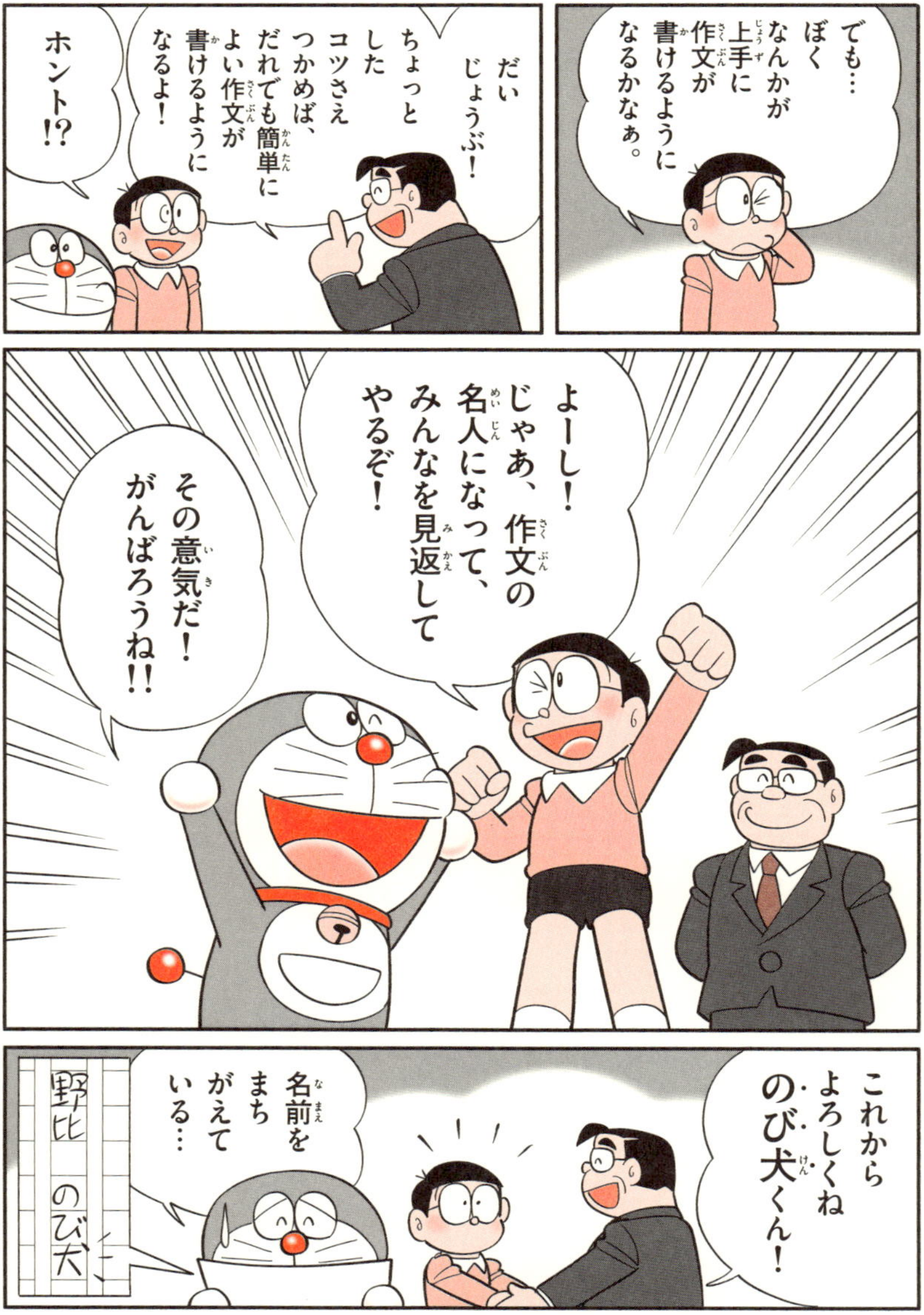
でも…ぼくなんかが上手《じょうず》に作文《さくぶん》が書《か》けるようになるかなぁ。
だいじょうぶ！
ちょっとしたコツさえつかめば、だれでも簡単《かんたん》によい作文《さくぶん》が書《か》けるようになるよ！
ホント!?
よーし！じゃあ、作文《さくぶん》の名人《めいじん》になって、みんなを見返《みかえ》してやるぞ！
その意気《いき》だ！がんばろうね!!
これからよろしくねのび犬《けん》くん！
名前《なまえ》をまちがえている…
野比 のび犬

第《だい》1章《しょう》

「四《よん》段《だん》落《らく》構《こう》成《せい》」で考《かんが》えよう

ようこそ、わが家《や》へ！

あらためてよろしくね！

よろしくお願《ねが》いします！

でも…いざ勉強《べんきょう》となると不安《ふあん》だなぁ。

国語《こくご》はとくに苦手《にがて》だし…

心配《しんぱい》ないよ！のび太《た》くんは全部《ぜんぶ》苦手《にがて》じゃないいか。

はげましてるつもり？

さっき言《い》ったように、ちょっとしたコツをつかめば、だれでもよい作文《さくぶん》が書《か》けるようになるよ！

それに、勉強《べんきょう》をがんばったらおやつも用意《ようい》してるからね！

はい！がんばります!!

調子《ちょうし》いいや。

じゃあ、いきなりだけどクイズだよ！世《よ》の中《なか》のスポーツやゲームにはある共通点《きょうつうてん》があるよ。それは何《なに》かな？

野球《やきゅう》
サッカー
トランプ
うーん、なんだろう？

わかったぞ！

全部《ぜんぶ》遊《あそ》ぶとたのしい！

それはそうだけど多分《たぶん》ちがうよ！

答《こた》えは…「ルールがある」だよ！

スポーツやゲームを成立《せいりつ》させるには、ルールが必要《ひつよう》だよね？

作文《さくぶん》にも「ルール」があるんだ！

作文《さくぶん》の「ルール」？

RULE

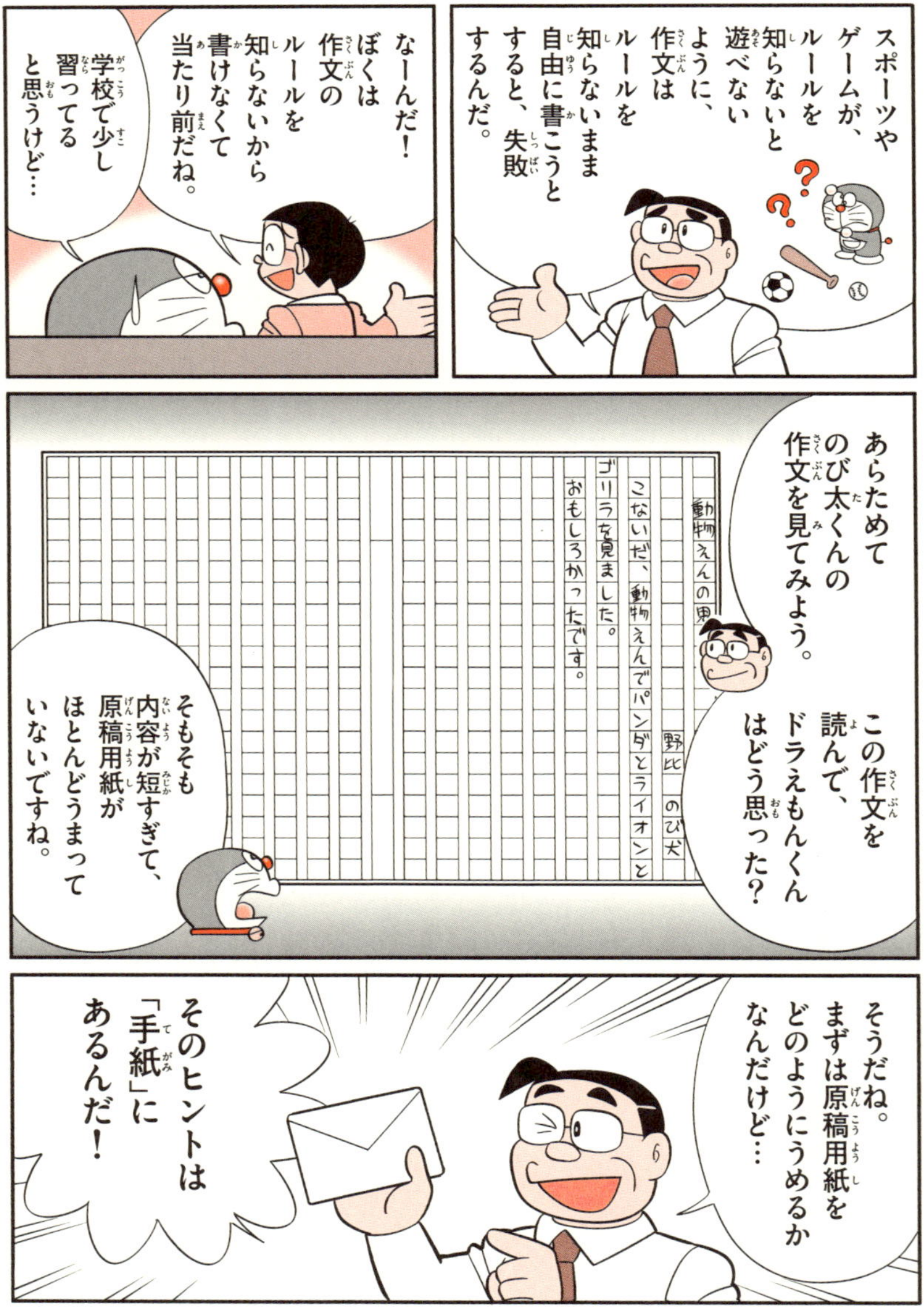
スポーツやゲームが、ルールを知《し》らないと遊《あそ》べないように、作文《さくぶん》はルールを知《し》らないまま自由《じゆう》に書《か》こうとすると、失敗《しっぱい》するんだ。

なーんだ！ぼくは作文《さくぶん》のルールを知《し》らないから書《か》けなくて当《あ》たり前《まえ》だね。

学校《がっこう》で少《すこ》し習《なら》ってると思《おも》うけど…

あらためてのび太《た》くんの作文《さくぶん》を見《み》てみよう。

動物えんの
野比　のび犬
こないだ、動物えんでパンダとライオンと
ゴリラを見ました。

おもしろかったです。

この作文《さくぶん》を読《よ》んで、ドラえもんくんはどう思《おも》った？

そもそも内容《ないよう》が短《みじか》すぎて、原稿用紙《げんこうようし》がほとんどうまっていないですね。

そうだね。まずは原稿用紙《げんこうようし》をどのようにうめるかなんだけど…

そのヒントは「手紙《てがみ》」にあるんだ！

のび太《た》くんは手紙《てがみ》を書《か》いたことはあるかな？
うーん…
この前《まえ》、おじさんにおみやげのお礼《れい》の手紙《てがみ》を書《か》いたじゃない。
そういえば！
たしかこう書《か》いたんだ。
おじさんへ
おげんきですか？せん日《じつ》はおみやげありがとう。とてもおいしかったです。またあそびにきてください。
のび太《た》より
よく書《か》けているよ！
手紙《てがみ》は「はじめのあいさつ」「本文《ほんぶん》」「むすびのあいさつ」の三《みっ》つのかたまりで成《な》り立《た》っているといえるね。
おじさんへ
おげんきですか？
せん日《じつ》はおみやげありがとう。とてもおいしかったです。
またあそびにきてください。
のび太《た》より
はじめのあいさつ
本文《ほんぶん》
むすびのあいさつ
作文《さくぶん》も手紙《てがみ》と同《おな》じように考《かんが》えるのが基本《きほん》なんだ。

作文《さくぶん》の場合《ばあい》、三《みっ》つのかたまりは「はじめ」「なか」「おわり」のパターンが多《おお》いよ。
① はじめ
知《し》らせたいこと
② なか
くわしい説明《せつめい》
③ おわり
まとめの言葉《ことば》
学校《がっこう》の授業《じゅぎょう》で聞《き》いたことある気《き》がする!
のび太《た》くんの作文《さくぶん》なら、
①はじめ……「いつ」「だれと」行《い》ったのか。
②なか……できるだけくわしい説明《せつめい》。とくに印象《いんしょう》に残《のこ》ったのは?
③おわり……最後《さいご》にまとめの言葉《ことば》を書《か》く。
というふうに、かたまりを考《かんが》えてみよう。
じゃあ、「はじめ」「なか」「おわり」を意識《いしき》して作文《さくぶん》を直《なお》してみよう!
えー!! できるかなぁ。
ぼくもサポートするから!
よーし、がんばるぞ!

できた!
動物《どうぶつ》えんの思《おも》い出《で》
野比《のび》 のび太《た》
はじめ
五月《ごがつ》の連休《れんきゅう》に、家族《かぞく》で動《どう》物園《ぶつえん》に行《い》きました。
なか
動物《どうぶつ》えんでは、パンダとライオンとゴリラを見《み》ました。とくにパンダはめずらしい動物《どうぶつ》なので、見《み》るのがすごく楽《たの》しみでした。
おわり
たくさんの動物《どうぶつ》を見《み》ることができて、おもしろかったです。
「はじめ」「なか」「おわり」がきちんと意識《いしき》できているね!
これでぼくも作文《さくぶん》の名人《めいじん》だ!
でも、最後《さいご》のまとめは「おもしろかった。」のままだね。
うっ…
「おわり」に何《なに》を書《か》いていいのかわからなくて…まとめの言葉《ことば》って何《なに》をどうまとめるの?

たしかに同《おな》じなやみをかかえる子《こ》は多《おお》いんだ…
そこでオススメなのが、「なか」を二《ふた》つに分《わ》ける方法《ほうほう》だよ！
「なか」を二《ふた》つに分《わ》ける場合《ばあい》、構成《こうせい》はこうなるんだ。
はじめ
なか1
なか2
おわり
段落《だんらく》が増《ふ》えて書《か》くのが大変《たいへん》そうだけど…
ところが、二《ふた》つの「なか」を書《か》くことで、「おわり」がぐっと書《か》きやすくなるんだ！
なか1
なか2
おわり
例《れい》としてわたしの児童《じどう》の作文《さくぶん》を読《よ》んでみて。

のりたくなる生《い》きもの

一年《いちねん》 Y《ワイ》

はじめ

水《すい》ぞくかんで、水《みず》の中《なか》の生《い》きものを見《み》ました。とくに気《き》にいった生《い》きものを二《ふた》つしょうかいします。

なか１

一《ひと》つ目《め》は、イルカです。わたしのからだ二《ふた》つぶんの大《おお》きさでした。手《て》みたいなところがとても大《おお》きいです。しっぽは、とりのはねのようにひらひらでした。

なか２

二《ふた》つ目《め》は、エイです。わたしが二《ふた》人《り》ならんだぐらいの大《おお》きさでした。まるで、わたしが、ひらひらとんでいる気《き》ぶんになりました。

おわり

イルカも、エイも、りょうほうとも大《おお》きいです。見《み》ているだけて、のった気《き》ぶんになりました。

ほんとに一年生《いちねんせい》の作文《さくぶん》!?
のび太《た》くんの作文《さくぶん》よりまとめが明快《めいかい》だね。

この作文《さくぶん》を解説《かいせつ》すると、こうなるよ。
はじめ………○○について「二《ふた》つ」しょうかいします。
なか1、2…一《ひと》つずつしょうかい。どういうところが印象的《いんしょうてき》だったか。
おわり………なか1、2の共通点《きょうつうてん》（まとめ）を書《か》く。

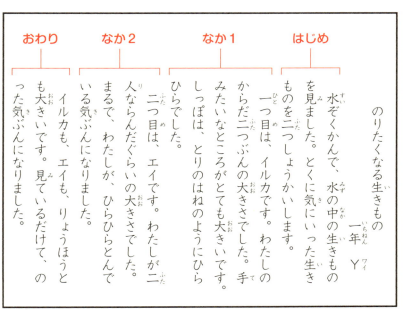

はじめ　なか１　なか２　おわり

はじめてのきょうりゅうはくぶつかん

一年《いちねん》　F《エフ》

八月《はちがつ》の四日《よっか》に、おかあさんとふくいのきょうりゅうはくぶつかんへ行《い》きました。しんかんせんで四《よ》じかんかけて行《い》きました。

まず、さいしょ、五《ご》たいのきょうりゅうきょだいロボットを見《み》ました。ロボットは、はながうごいたり、おなかがうごいていて、本《ほん》ものに見《み》えました。ちゅうごくのきょうりゅうのロボットでした。すごく大《おお》きくてとびかかってくるかんじがしました。

つぎに、六十《ろくじゅっ》たいのかせきを見《み》ました。六十《ろくじゅっ》たいのうち、六《ろく》たいが本《ほん》ものだったからびっくりしました。上《うえ》から見《み》たけしきもきれいでした。上《うえ》のかいに行《い》くと、げんしじんやマンモスのかせきがありました。

ぼくは、きょうりゅうが大《だい》すきなので一〇〇回《ひゃっかい》いじょうは行《い》けるとおもいました。はじめて行《い》ったから、たのしかったです。

つまり、これらの作文《さくぶん》の「おわり」には、「なか1」「なか2」の両方《りょうほう》について気《き》づいたことや感《かん》じたことなどがまとめられているんだ。

「なか」を二《ふた》つ書《か》くと「おわり」に何《なに》を書《か》けばよいかハッキリするね！

それじゃあ、「なか」を二《ふた》つに分《わ》けて作文《さくぶん》を書《か》いてみよう！

よーし！

……でも、動物園《どうぶつえん》に行《い》ったときのことをもう覚《おぼ》えてないや。

「記憶《きおく》とり出《だ》しレンズ」

脳《のう》のおく底《そこ》の記憶《きおく》を引《ひ》っ張《ぱ》り出《だ》して、レンズに映《うつ》す道具《どうぐ》だよ。

思《おも》い出《だ》したいことに心《こころ》を集中《しゅうちゅう》して…

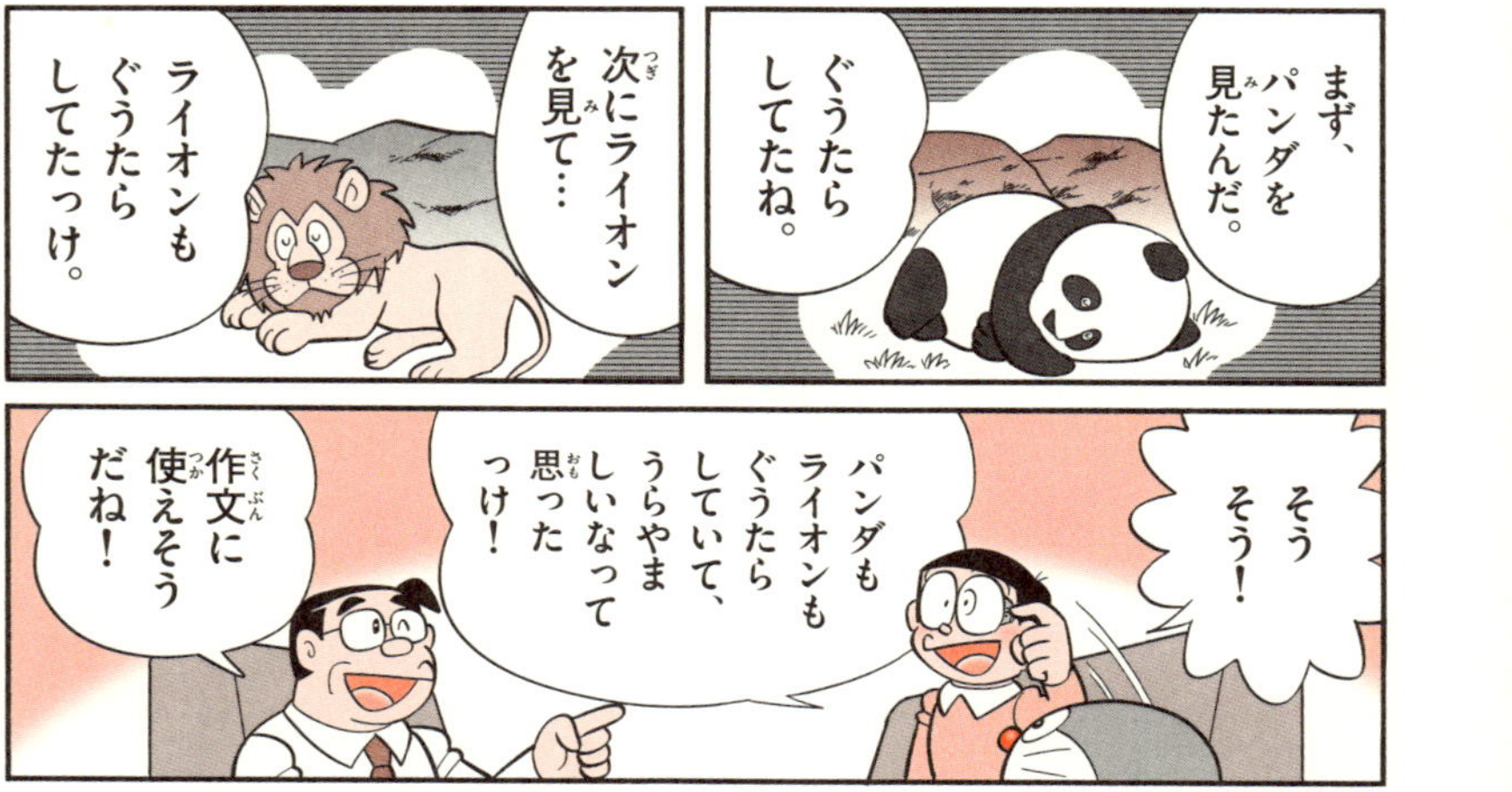

まず、パンダを見《み》たんだ。
ぐうたらしてたね。
次《つぎ》にライオンを見《み》て…
ライオンもぐうたらしてたっけ。
そうそう!
パンダもライオンもぐうたらしていて、うらやましいなって思《おも》ったっけ!
作文《さくぶん》に使《つか》えそうだね!

できた!

はじめ

野比《のび》 のび太《た》

五月《ごがつ》の連休《れんきゅう》に、家族《かぞく》で動物《どうぶつ》えんに行《い》きました。

なか1

まず、パンダを見《み》ました。パンダはめずらしい動物《どうぶつ》で、なかなか見《み》られないので楽《たの》しみにしていましたが、丸《まる》くなってねていて、あまり動《うご》かなかったので少《すこ》しざんねんでした。

なか2

次《つぎ》に、ライオンを見《み》ました。ライオンはかっこいいイメージがあったのですが、ぼくが見《み》たときは、ひなたでおひるねをしていました。

おわり

動物《どうぶつ》えんの動物《どうぶつ》は、好《す》きなときに好《す》きなだけぐうたらできて、ぼくはうらやましいなと思《おも》いました。

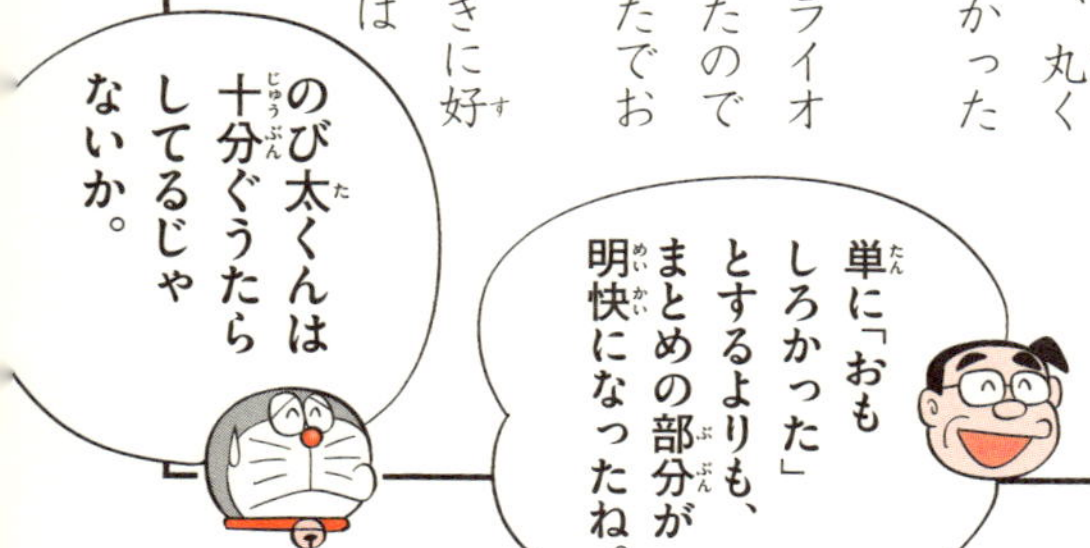

単《たん》に「おもしろかった」とするよりも、まとめの部分《ぶぶん》が明快《めいかい》になったね。
のび太《た》くんは十分《じゅうぶん》ぐうたらしてるじゃないか。

「おわり」はできごとがあったときに感《かん》じたことでもいいし、「なか1」「なか2」を書《か》いてから気《き》づいたことでもよいんだよ。

のび太《た》くんが書《か》いた作文《さくぶん》とは思《おも》えないや！

なんか引《ひ》っかかるほめ方《かた》だな。

あっ作文《さくぶん》のタイトルをつけ忘《わす》れてた！

タイトルのつけ方《かた》にもコツがあるよ！

「おわり」に書《か》いたことを短《みじか》くしてタイトルにするんだ！

のび太《た》くんの作文《さくぶん》の場合《ばあい》はこんな感《かん》じかな。

おわり
動物園《どうぶつえん》の動物《どうぶつ》は、好《す》きなときに好《す》きなだけぐうたらできて、ぼくはうらやましいなと思《おも》いました。

タイトル
うらやましい動物《どうぶつ》たち
なるほど！タイトルは最後《さいご》につけるんだね。

ところで…たくさん書《か》きたいことがある場合《ばあい》、「なか」が二《ふた》つじゃ足《た》りないんじゃないかな?
書《か》きたいことがたくさんあるときは「なか」が三《みっ》つ以上《いじょう》あってもいいんだよ。作文《さくぶん》の例《れい》を読《よ》んでみよう。

かぞくみんな大《だい》すき

2年《ねん》 K《ケー》

はじめ

今年《ことし》もお正月《しょうがつ》に、おぞうにを食《た》べました。わが家《や》のおぞうにをしょうかいします。

なか1

だしは、昆布《こんぶ》とかつお節《ぶし》でとります。前日《ぜんじつ》から昆布《こんぶ》を水《みず》にいれて、れいぞうこにいれます。それを火《ひ》にかけ、ふっとうさせずに六十分《ろくじゅっぷん》。昆布《こんぶ》を取《と》り出《だ》し、火《ひ》を強《つよ》めにわかします。ザルにさし水《みず》をしてけずり節《ぶし》をいれ、しずむのをまちます。ペーパーをしいて、しずかにこします。

なか2

おもちは、四角《しかく》い切《き》りもちです。少《すこ》しやいてから電子《でんし》レンジであたためてやわらかくします。おわんには、一《いっ》こずつ入《い》れます。

なか3

具《ぐ》は、小松《こまつ》なと長《なが》ねぎ、かまぼことにんじん、だいこん、ゆずの皮《かわ》です。小松《こまつ》なは、おもちがおわんにつかないように、おもちの下《した》にいれます。かまぼこは、松《まつ》のかざり切《ぎ》りにします。ゆずの皮《かわ》は松葉《まつば》に、にんじんと大根《だいこん》はねじりうめの形《かたち》にします。ねぎはななめ切《ぎ》りにして竹《たけ》のようにします。

おわり

わが家《や》のおぞうには、あいち県《けん》とぎふ県《けん》ひだ地方《ちほう》のをあわせたおすましじるです。

おぞうにが食《た》べたくなるね。

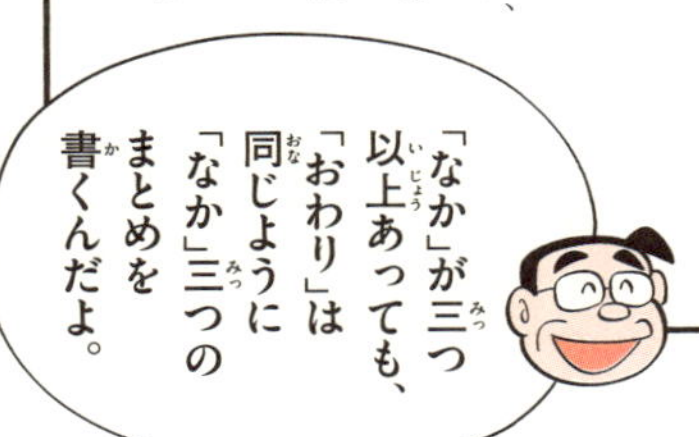
「なか」が三《みっ》つ以上《いじょう》あっても、「おわり」は同《おな》じように「なか」三《みっ》つのまとめを書《か》くんだよ。

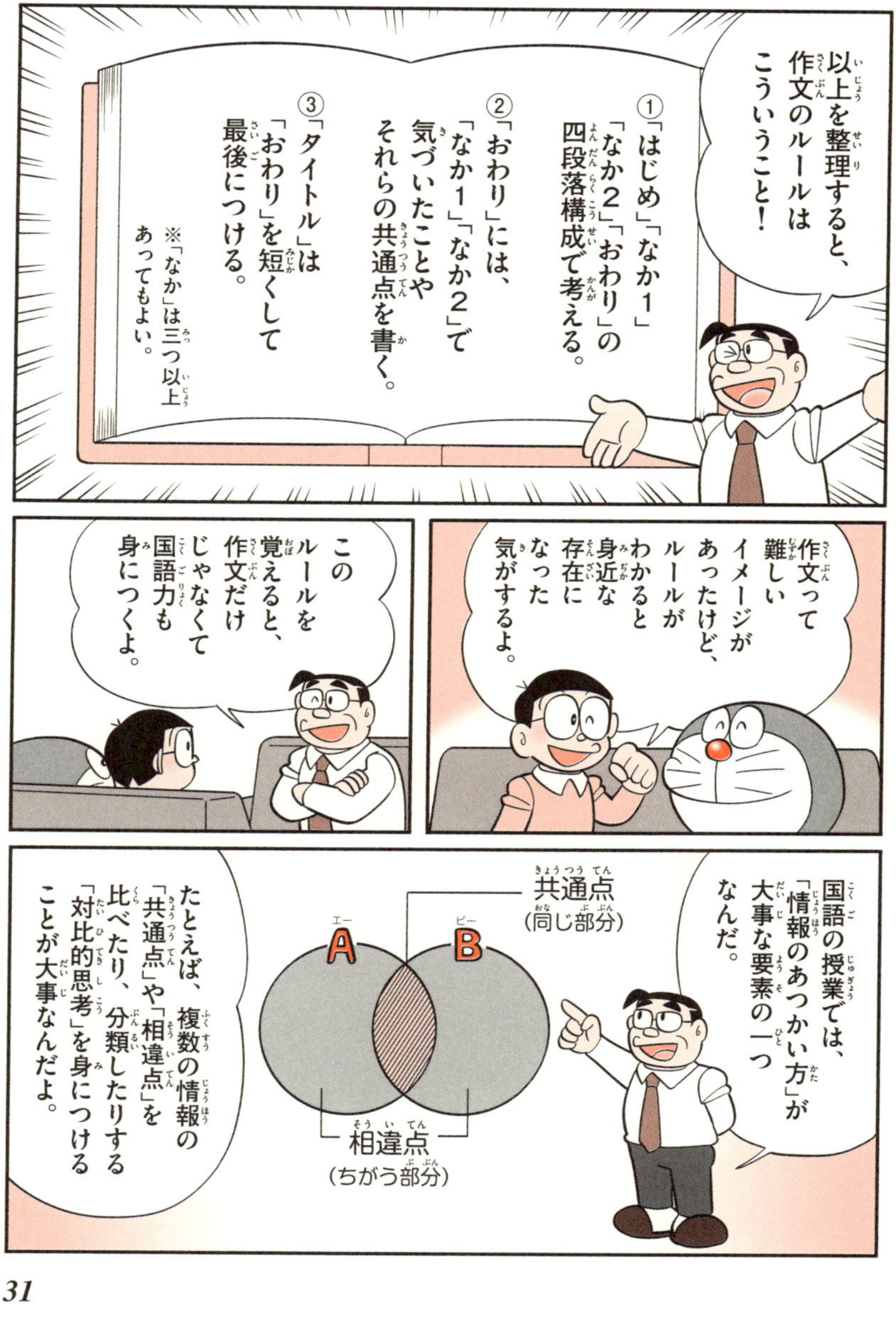
以上《いじょう》を整理《せいり》すると、作文《さくぶん》のルールはこういうこと！
①「はじめ」「なか１」「なか２」「おわり」の四段落構成《よんだんらくこうせい》で考《かんが》える。
②「おわり」には、「なか１」「なか２」で気《き》づいたことやそれらの共通点《きょうつうてん》を書《か》く。
③「タイトル」は「おわり」を短《みじか》くして最後《さいご》につける。
※「なか」は三《みっ》つ以上《いじょう》あってもよい。
作文《さくぶん》って難《むずか》しいイメージがあったけど、ルールがわかると身近《みぢか》な存在《そんざい》になった気《き》がするよ。
このルールを覚《おぼ》えると、作文《さくぶん》だけじゃなくて国語力《こくごりょく》も身《み》につくよ。
国語《こくご》の授業《じゅぎょう》では、「情報《じょうほう》のあつかい方《かた》」が大事《だいじ》な要素《ようそ》の一《ひと》つなんだ。
共通点《きょうつうてん》
（同《おな》じ部分《ぶぶん》）
A《エー》
B《ビー》
相違点《そういてん》
（ちがう部分《ぶぶん》）
たとえば、複数《ふくすう》の情報《じょうほう》の「共通点《きょうつうてん》」や「相違点《そういてん》」を比《くら》べたり、分類《ぶんるい》したりする「対比的思考《たいひてきしこう》」を身《み》につけることが大事《だいじ》なんだよ。

後世《こうせい》に残《のこ》すべきもの

六年《ろくねん》　H《エイチ》

はじめ

京都国立博物館《きょうとこくりつはくぶつかん》で数々《かずかず》の名作《めいさく》を見《み》た。その中《なか》でも、特《とく》に心《こころ》に残《のこ》ったものを二《ふた》つ紹介《しょうかい》する。

なか１

一《ひと》つ目《め》は、「四季花鳥図屏風《しきかちょうずびょうぶ》」だ。雪舟《せっしゅう》という水墨画《すいぼくが》で有名《ゆうめい》な画家《がか》の絵《え》だ。十五世紀頃《じゅうごせいきごろ》に描《えが》かれたものだ。不気味《ぶきみ》な木《き》がひっそりとたたずむ中《なか》にアクの強《つよ》い花鳥《かちょう》が休《やす》んでいる。鳥《とり》には緊張感《きんちょうかん》がただよい、まるで見《み》る者《もの》を威嚇《いかく》するようなするどい目《め》だ。雪舟《せっしゅう》らしい地味《じみ》な作品《さくひん》だ。雪《ゆき》の中《なか》にもこれが描《えが》かれていた。

なか２

二《ふた》つ目《め》は、「大日如来座像《だいにちにょらいざぞう》」だ。平安時代《へいあんじだい》に作《つく》られたものだ。大阪《おおさか》の天王山金剛寺《てんのうざんこんごうじ》の本尊《ほんぞん》として置《お》かれている。一丈六尺《いちじょうろくしゃく》で立像《りつぞう》では四《よん》メートル八十《はちじゅっ》センチにもなる巨像《きょぞう》だ。その目《め》を見《み》ると、河内国《かわちのくに》を見守《みまも》り平和《へいわ》を祈《いの》っていることがよくわかる。金《きん》ぱくがはがれているところから、作《つく》られてだいぶ時間《じかん》がたっていることがわかる。これを作《つく》る時《とき》に使《つか》った技《わざ》は鎌倉彫刻《かまくらちょうこく》にも通《つう》じるそうだ。

おわり

両作《りょうさく》ともにすばらしいので、後世《こうせい》に残《のこ》さないといけないものだ。

この作文《さくぶん》では、博物館《はくぶつかん》で見《み》た二《ふた》つの美術品《びじゅつひん》について書《か》かれているね。

のび太《た》くんはこの作文《さくぶん》を読《よ》んで、何《なに》か気《き》づいたことはあるかな？

うーん…

目《め》が…

そう！「目《め》」が重要《じゅうよう》なポイントなんだ！

さすがだね!!

ただ単《たん》に「この作品《さくひん》はよい」と感想《かんそう》を言《い》うだけじゃなくて、
二《ふた》つの作品《さくひん》の「目《め》」に注目《ちゅうもく》して比《くら》べることで、それぞれの作品《さくひん》の特《とく》ちょうが際立《きわだ》っているよね。

するどい
おだやか
ぼくはただ、「難《むずか》しい字《じ》が多《おお》くて、目《め》がチカチカする」って言《い》おうとしたんだけど。

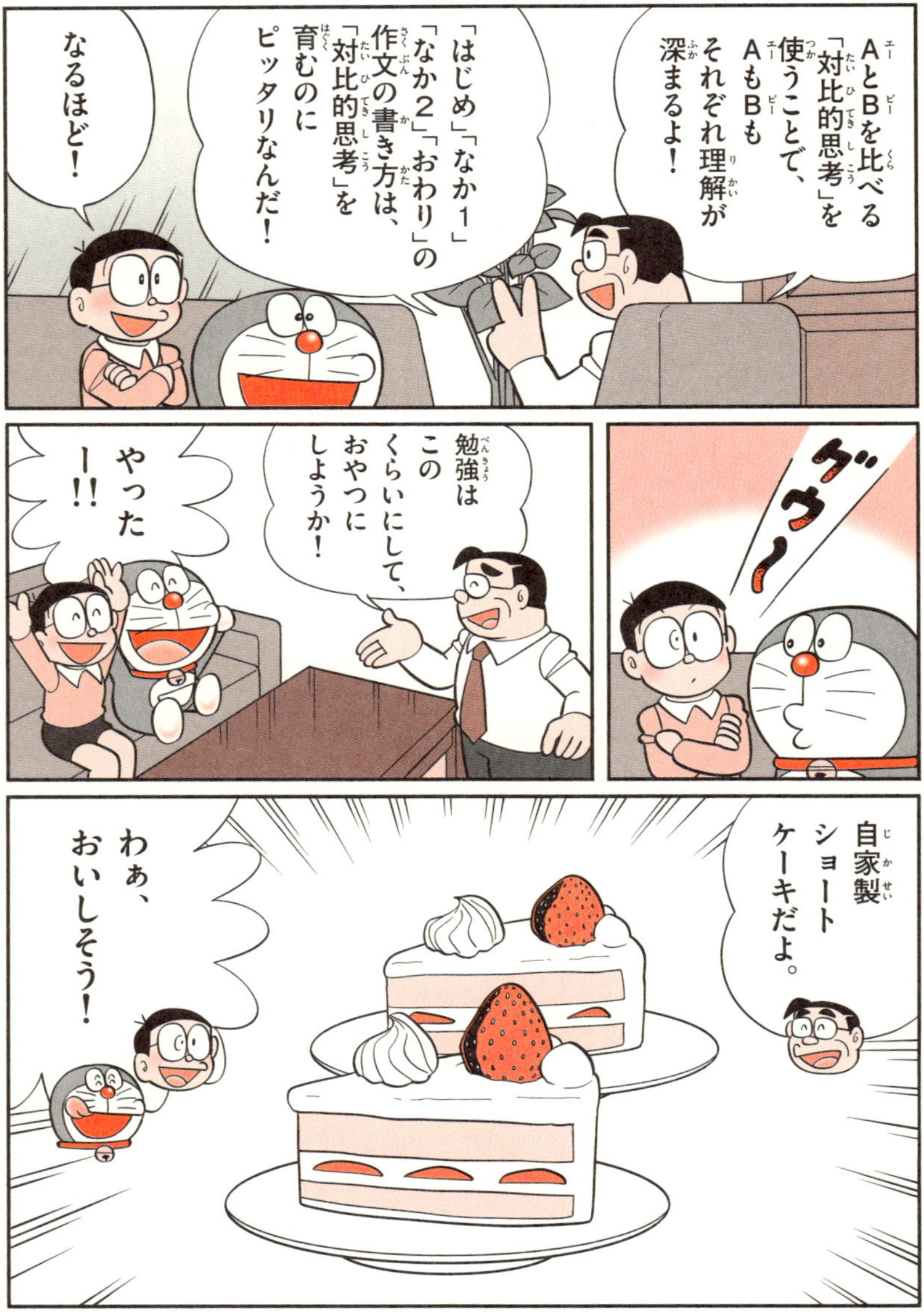

A《エー》とB《ビー》を比《くら》べる「対比的思考《たいひてきしこう》」を使《つか》うことで、A《エー》もB《ビー》もそれぞれ理解《りかい》が深《ふか》まるよ！

「はじめ」「なか1」「なか2」「おわり」の作文《さくぶん》の書《か》き方《かた》は、「対比的思考《たいひてきしこう》」を育《はぐく》むのにピッタリなんだ！

なるほど！

グウ〜

勉強《べんきょう》はこのくらいにして、おやつにしようか！

やったー!!

自家製《じかせい》ショートケーキだよ。

わぁ、おいしそう！

おかし作《づく》りがしゅみで、児童《じどう》たちにふるまっているんだ。
いただきまー…
まった!!
二《ふた》つとも同《おな》じケーキに見《み》えるけど、
こっちはいちごとスポンジが少《すこ》し大《おお》きい…
ぼくは大《おお》きい方《ほう》にしよう!
これぞまさに「対《たい》比《ひ》的《てき》思《し》考《こう》」だね!
ガクッ
それは欲張《よくば》りなだけだよ…

この章《しょう》のまとめ

四《よん》段《だん》落《らく》構《こう》成《せい》

●作文《さくぶん》は「だれに」「何《なに》を」伝《つた》えるかが大事《だいじ》。

→まずは手紙《てがみ》の書《か》き方《かた》を意識《いしき》しよう（三段落構成《さんだんらくこうせい》）。

〈手紙《てがみ》〉

おげんきですか？	せん日《じつ》はおみやげありがとう。とてもおいしかったです。	またあそびにきてください。
↓	↓	↓
はじめのあいさつ	本文《ほんぶん》	むすびのあいさつ

〈作文《さくぶん》〉

はじめ	知《し》らせたいこと
なか	くわしい説明《せつめい》
おわり	まとめの言葉《ことば》

●そのうえで、「四段落構成《よんだんらくこうせい》」は「なか」を二《ふた》つに分《わ》ける。

→「なか1」「なか2」を書《か》くことで、「おわり」がぐっと書《か》きやすくなる。

はじめ	知《し》らせたいこと
なか1	くわしい説明《せつめい》①
なか2	くわしい説明《せつめい》②
おわり（まとめ）	「なか1」「なか2」の共通点《きょうつうてん》など

※「なか」は三《みっ》つ以上《いじょう》あってもよい。その場合《ばあい》も、「おわり」には「なか」の共通点《きょうつうてん》（まとめ）を書《か》く。

●タイトルは最初《さいしょ》に書《か》かず、「おわり」に書《か》いたことを短《みじか》くして最後《さいご》につける。

第《だい》2章《しょう》

できごとを順《じゅん》番《ばん》に説《せつ》明《めい》しよう

（説《せつ》明《めい》的《てき》作《さく》文《ぶん》・時《じ》系《けい》列《れつ》型《がた》）

次《つぎ》の日《ひ》——
ほんとにのび太《た》の作文《さくぶん》!?
パンダやライオンのようすがよくわかるわ。
ぼくだってやればできるんだよ。
ちょっと本気《ほんき》を出《だ》せば、作文《さくぶん》の名人《めいじん》にだってなれるんだから。
すぐ調子《ちょうし》にのる…
しかし…
のび太《た》がこんなに急《きゅう》に上達《じょうたつ》するなんておかしい!
やい!またドラえもんの道具《どうぐ》でインチキしたんだろ!
そ、そんな…
そうじゃないよ!

岩元《いわもと》先生《せんせい》!!
…だれだ?
作文《さくぶん》の達人《たつじん》なんだ!
作文《さくぶん》はちょっとしたコツですぐに上達《じょうたつ》するよ!
のび太《た》くんには、そのちょっとしたコツを教《おし》えてあげたんだ。
先生《せんせい》!わたしももっと作文《さくぶん》が上手《じょうず》になりたいです!
ほんと!?じゃあいっしょに勉強《べんきょう》しよう!
のび太《た》でも上達《じょうたつ》できるんだから、きっとものすごく簡単《かんたん》なんだよ!
おれたちも参加《さんか》しようぜ!
失礼《しつれい》な!

それじゃあ、みんなで楽《たの》しく作文《さく ぶん》を学《まな》ぼう!!
おー!!
ぼくだけうまくなってみんなを見返《み かえ》そうと思《おも》ったのに…
まあいいじゃない。
おじゃましまーす!
くつろいでくれたまえ。
あら?
おかしのレシピがあるわ。

おかし作《づく》りがしゅみなんだ。
きのう、ごほうびにショートケーキをもらったんだ。
のび太《た》のくせに！
すてきな先生《せんせい》だわ。
ところで…作文《さくぶん》にも「レシピ」のようなものがあるのは知《し》っているかい！
作文《さくぶん》のレシピ!?
作文《さくぶん》もおいしく食《た》べられるのか？
そうじゃないと思《おも》うよ。
料理《りょうり》のレシピは、「このとおりに作《つく》ればだれでも上手《じょうず》に作《つく》れる」というものだよね。
おかしレシピ
作文《さくぶん》にも、「このとおりに書《か》くのが一番《いちばん》よい」とされる「型《かた》」というものがあるんだ！

① 説明的作文《せつめいてきさくぶん》・時系列型《じけいれつがた》

できごとを時間《じかん》じくに沿《そ》って順番《じゅんばん》にしょうかい。
日記《にっき》などを書《か》くときに使《つか》う。

② 説明的作文《せつめいてきさくぶん》・観点型《かんてんがた》

自分《じぶん》の考《かんが》えや意見《いけん》など伝《つた》えるときに使《つか》う
植物《しょくぶつ》などの観察記録《かんさつきろく》や意見文《いけんぶん》、読書感想文《どくしょかんそうぶん》など。

③ 説明的作文《せつめいてきさくぶん》・比較型《ひかくがた》

「A《エー》とB《ビー》のどちらがよいか」というテーマに使《つか》う。
小論文風作文《しょうろんぶんふうさくぶん》ともいう。

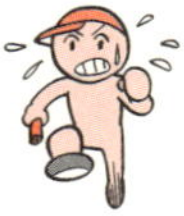

④ 物語風作文《ものがたりふうさくぶん》

運動会《うんどうかい》や体験学習《たいけんがくしゅう》といった学校行事《がっこうぎょうじ》など、
自分《じぶん》の体験《たいけん》をドラマチックに書《か》くことができる。

いろんな型《かた》があって、全部《ぜんぶ》覚《おぼ》えられるか心配《しんぱい》だなぁ。
複雑《ふくざつ》に思《おも》うかもしれないけど、だいじょうぶ！
はじめ
なか１
なか２
おわり
これらの作文《さくぶん》はどれも「四段落構成《よんだんらくこうせい》」で書《か》けるんだよ！
四段落《よんだんらく》構成《こうせい》？
そういえば、きみたちにはまだ教《おし》えていなかったね。
「タイムテレビ」できのうの先生《せんせい》の説明《せつめい》を見《み》てみよう！
なるほど…段落《だんらく》を四《よっ》つに分《わ》けると書《か》きやすいんだ。
便利《べんり》なテレビだね…
それじゃあ、まず「説明的作文《せつめいてきさくぶん》・時系列型《じけいれつがた》」について解説《かいせつ》していくよ！

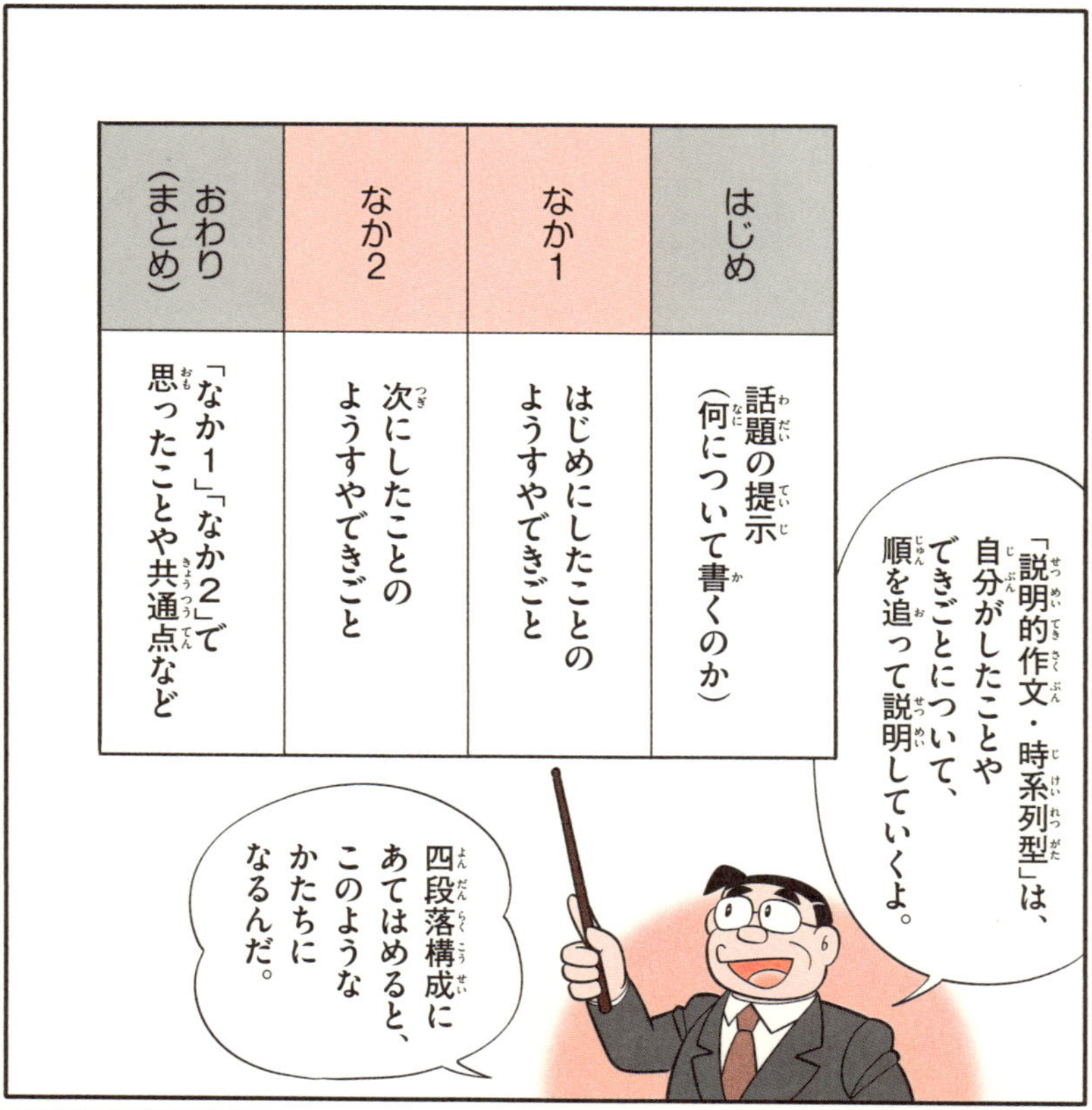
はじめ
話題《わだい》の提示《ていじ》（何《なに》について書《か》くのか）
なか1
はじめにしたことのようすやできごと
なか2
次《つぎ》にしたことのようすやできごと
おわり（まとめ）
「なか1」「なか2」で思《おも》ったことや共通点《きょうつうてん》など
「説明的作文《せつめいてきさくぶん》・時系列型《じけいれつがた》」は、自分《じぶん》がしたことやできごとについて、順《じゅん》を追《お》って説明《せつめい》していくよ。
四段落構成《よんだんらくこうせい》にあてはめると、このようなかたちになるんだ。

先生《せんせい》！「説明的作文《せつめいてきさくぶん》・時系列型《じけいれつがた》」では、実際《じっさい》にどんな作文《さくぶん》が書《か》けるのですか？
いい質問《しつもん》だね！作文《さくぶん》の例《れい》をみんなで読《よ》んでみよう。

はじめ

はねがポイント

四年《よねん》 M《エム》

今日《きょう》、三時間《さんじかん》めに習字《しゅうじ》をした。今日《きょう》は「元《げん》気《き》」だ。

何《なに》について書《か》くのか示《しめ》す

なか１

まずは、練習《れんしゅう》。主《おも》にかご書《が》きを自分《じぶん》でした。元《げん》気《き》の元《げん》と気《き》のはねは大分違《だいぶちが》う。そこが今日《きょう》のポイントだった。だから、かご書《が》きで、特《とく》にそこを注意《ちゅうい》してやってみた。

①最初《さいしょ》に何《なに》をしたのか書《か》く

なか２

次《つぎ》は、清書《せいしょ》。はねを書《か》くのは、そうとうドキドキするものだった。私《わたし》は、一画目《いっかくめ》を書《か》いた。元《げん》は良《よ》い字《じ》になりそうだったが、元《げん》の二《に》の所《ところ》の一《いち》と一《いち》の間《あいだ》が少《すこ》しせますぎたように見《み》えた。

②次《つぎ》に何《なに》をしたのか書《か》く

おわり

今日《きょう》の漢字《かんじ》、元気《げんき》ははねが大変《たいへん》むずかしい。

「なか１」「なか２」のまとめ

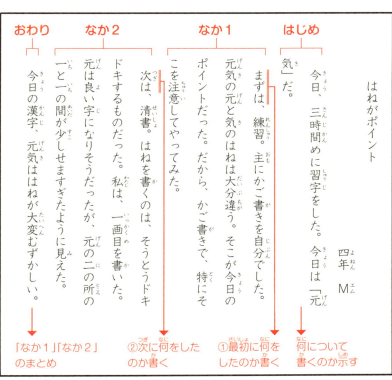

もう一つ《ひと》作文《さくぶん》の例《れい》を読《よ》んでみよう。
ちょっとかわいそうなお話《はなし》だけど、何日間《なんにちかん》もの出来事《できごと》を書《か》くときのお手本《てほん》になる作文《さくぶん》だよ。

はじめ　**なか1**　**なか2**　**おわり**

点《てん》てきのおかげ

三年《さんねん》　R《アール》

①七月二十一日《しちがつにじゅういちにち》の夜《よる》に、熱《ねつ》が出《で》ました。近《ちか》くの病院《びょういん》でみてもらいましたが、なかなかなおりません。熱《ねつ》が三十九《さんじゅうきゅう》・九度《きゅうど》になりました。

②七月二十六日《しちがつにじゅうろくにち》に、医《い》りょうセンターに入院《にゅういん》することになりました。入院《にゅう》していやだったのは点《てん》てきです。手《て》のこうの血《けっ》かんにはりをさします。血《けっ》かんが見《み》えなかったので、うでにはできませんでした。はりをさしたところをテープでこていし、手《て》のひらの方《ほう》にかまぼこの板《いた》のようなものを入《い》れました。親指《おやゆび》以外《いがい》は、指《ゆび》を動《うご》かすことができません。トイレに行《い》く時《とき》、ママが、点《てん》てきのついたきかいをゴロゴロと運《はこ》んでくれました。

③四日間《よっかかん》、じっとねていました。

七月二十九日《しちがつにじゅうくにち》に、たい院《いん》することになりました。熱《ねつ》も下《さ》がりました。ママがお医者《いしゃ》さんに、「たい院《いん》できますか。」と聞《き》いたら、「もう、だいじょうぶですよ。」と言《い》いました。わたしは、「やったー。」と思《おも》いました。かんごしさんが、「点《てん》てき、よくがまんしたね。」と言《い》ってくれました。

④四日間《よっかかん》、入院《にゅういん》しました。点《てん》てきはいやだったけど、点《てん》てきのおかげで、体調《たいちょう》もすっかりよくなりました。大《おお》きな病院《びょういん》でなおしてもらってよかったと思《おも》いました。

①最初《さいしょ》の日付《ひづけ》を書《か》く

②はじめにしたときの日付《ひづけ》を書《か》く

③次《つぎ》にしたときの日付《ひづけ》を書《か》く

④何日間《なんにちかん》にわたるできごとだったのか書《か》く

時系列型《じけいれつがた》で大事《だいじ》なのは、できごとの順序《じゅんじょ》なんだ。

一つ目《ひとめ》の作文《さくぶん》のように、「なか1」は「まず〜」で書《か》き始《はじ》め、「なか2」では「次《つぎ》に〜」と書《き》き進《すす》めていくのが基本《ほん》だよ。

他《ほか》にも、「一日目《いちにちめ》は○○、二日目《ふつかめ》は○○」とか、「当日《とうじつ》は○○、その一週間後《いっしゅうかんご》には○○」などの言《い》い回《まわ》しもあるね。

18
17
「タイムマシン」で一日目《いちにちめ》に未来《みらい》に行《い》って、二日目《ふつかめ》に過去《かこ》に行《い》った場合《ばあい》はどう書《か》くの？

話《はなし》をややこしくしないでよ。

それじゃあ、実際《じっさい》に「説明的作文《せつめいてきさくぶん》・時系列型《じけいれつがた》」を使《つか》って作文《さくぶん》を書《か》いてみよう！

でも…どんなテーマで作文《さくぶん》を書《か》けばいいんだ？

ジャイアンは「お店《みせ》の一日《いちにち》」なんてどう？

「お店《みせ》の一日《いちにち》」か…

たけし！また店番《みせばん》サボったね！

なんでおこるの!?
そんなかっこ悪《わる》い話《はなし》が書《か》けるか!
時系列型《じけいれつがた》でおすすめのテーマをいくつか紹介《しょうかい》しよう。
これらのテーマは、できごとを順序立《じゅんじょだ》てて書《か》くのにぴったりなんだ。
・運動会《うんどうかい》
・遠足《えんそく》
・社会科見学《しゃかいかけんがく》
・夏休《なつやす》みの思《おも》い出《で》
それなら、「夏休《なつやす》みの思《おも》い出《で》」をみんなでいっしょに書《か》いてみるのはどうかしら。
いいね、いいね!
それじゃあ、「夏休《なつやす》みの思《おも》い出《で》」の書《か》き方《かた》を解説《かいせつ》していくよ!

説明的《せつめいてき》作文《さくぶん》・時系列型《じけいれつがた》の書《か》き方《かた》ガイド

テーマ「夏休《なつやす》みの思《おも》い出《で》」

夏休《なつやす》みにしたことや、どこかへ行《い》ったことを、先生《せんせい》や友達《ともだち》に教《おし》えてあげましょう。

※以下《いか》の行数《ぎょうすう》は、作文用紙《さくぶんようし》が20行《ぎょう》の場合《ばあい》の目安《めやす》です。それより多《おお》かったり少《すく》なかったりする場合《ばあい》には、割合《わりあい》のほうを参《さん》考《こう》にしてください。

①はじめ…いつ、だれと、何《なに》をしたか（どこへ行《い》ったか）について、次《つぎ》のアかイのように書《か》きます。

【3行程度《ぎょうていど》（全体《ぜんたい》の15％程度《ていど》の割合《わりあい》）】

ア　八月《はちがつ》二《に》十一日《じゅういちにち》、○○で○○をしました。○○さんといっしょでした。

イ　八月《はちがつ》のはじめごろ、○○へ行《い》きました。おとうさんと、おかあさんと、いもうとと四人《よにん》で行《い》きました。○○に乗《の》って行《い》きました。

はじめに各段落《かくだんらく》の行数《ぎょうすう》の目安《めやす》を決《き》めておくのがポイントだよ。

手紙《てがみ》みたいに「だれに」読《よ》んでもらうかを意識《いしき》して書《か》くんだよ。
ちぇっ、ちょっとだけ早《はや》く教《おし》えてもらってるからって、えらそうに！

②なか1…そこで最初《さいしょ》にしたことについて、
「まず、○○をしました。」などのように書《か》き始《はじ》め、次《つぎ》のウ〜キのようなことをくわしく書《か》きます。

【7行程度《ぎょうていど》（全体《ぜんたい》の35％程度《ていど》の割合《わりあい》）】

ウ　何《なに》をしたか
エ　何《なに》を見《み》たか
オ　何《なに》があったのか
カ　何《なに》を聞《き》いたか、聞《き》こえたか
キ　そのとき感《かん》じたことや、思《おも》ったこと

③なか2…次《つぎ》にしたことについて、
「次《つぎ》に、○○をしました。」などのように書《か》き始《はじ》め、先《さき》ほどのウ〜キのようなことをくわしく書《か》きます。

【7行程度《ぎょうていど》（全体《ぜんたい》の35％程度《ていど》の割合《わりあい》）】

自分《じぶん》の行動《こうどう》（したことや見《み》たこと）を細《こま》かいところまでていねいに書《か》いてあげよう！

おれは夏休《なつやす》みにおじさんのお寺《てら》に遊《あそ》びに行《い》ったことについて書《か》くぜ！
私《わたし》は家族《かぞく》で海《うみ》に行《い》ったことにしようかしら。
スネ夫《お》は何《なに》を書《か》くんだ？
まぁ、できてからのお楽《たの》しみさ。

④おわり…「なか1」「なか2」を書《か》いて思《おも》ったことを、次《つぎ》のク～コのように書《か》きます。
【3行程度《ぎょうていど》(全体《ぜんたい》の15%程度《ていど》の割合《わりあい》)】

ク　また、○○へ行《い》きたいです。
ケ　○○について、○○だとわかりました。
コ　来年《らいねん》の夏休《なつやす》みには○○をしたいです。

最後《さいご》に、「おわり(まとめ)」のなかの言葉《ことば》を使《つか》ってタイトルを書《か》きましょう。

はじめ	なか1	なか2	おわり(まとめ)
15%	35%	35%	15%

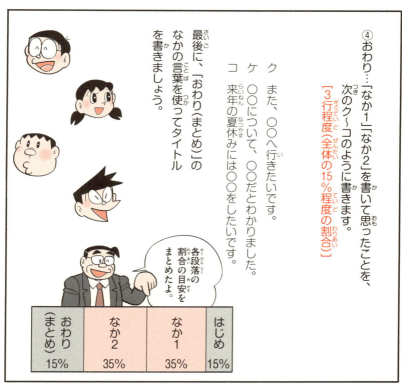

都会《とかい》ではできない体験《たいけん》

骨川《ほねかわ》 スネ夫《お》

はじめ

夏休《なつやす》みに、家族《かぞく》で離島《りとう》の別荘《べっそう》に行《い》きました。家族三人《さんにん》といとこのお兄《にい》さんと行《い》きました。自家用《じかよう》の大《おお》型《がた》クルーザーで行《い》きました。

なか1

一日目《いちにちめ》は、別荘《べっそう》に着《つ》いてから、バーベキューをしました。とれたてのサザエやアワビを食《た》べました。このおいしさは何《なに》ものにも代《か》えがたく、みんなにも味《あじ》わってもらいたいと思《おも》いました。

なか2

二日目《ふつかめ》は、ボートで沖《おき》の方《ほう》に行《い》き、シュノーケリングを楽《たの》しみました。すき通《とお》るような海底《かいてい》の景色《けしき》はとてもきれいで、心《こころ》が洗《あら》われるようでした。

おわり

都会《とかい》に住《す》んでいるとできない貴重《きちょう》な体験《たいけん》ができて、ぼくはとても幸《しあわ》せだなぁと思《おも》いました。来年《らいねん》もまた、行《い》きたいです。

四段落構成《よんだんらくこうせい》をしっかり意識《いしき》して、よく書《か》けているね。でも、この作文《さくぶん》がもっと良《よ》くなるポイントがあるよ。

そうだ、そうだ！じまんばっかりして！

クルーザーとかアワビとか、ちーっともうらやましくないぞ!!そんなのわざわざ書《か》くことないだろ！

いや、そうじゃないんだよ。

むしろそこは大事《だいじ》なところなんだ！

作文《さくぶん》をもっと良《よ》くするポイントはズバリ、①5W《ダブリュー》1H《エイチ》②五感《ごかん》などの感覚《かんかく》③数《かず》なんだ！

なんのことかさっぱりわからないや。
コンビニの名前《なまえ》か?
5W1H
スイーツフェス
500
ドラえもんくんならわかるかな?
もちろん!
「5W《ダブリュー》1H《エイチ》」とは「いつ」「どこで」「だれが」のように、情報《じょうほう》を正確《せいかく》に伝《つた》えるための要素《ようそ》をまとめて表《あらわ》した言葉《ことば》だよ。
それぞれの英語《えいご》の頭文字《かしらもじ》からとっているんだ。
When《ウェン》…いつ
Where《ウェアー》…どこで
Who《フー》…だれが
What《ホワット》…何《なに》を
Why《ホワイ》…なぜ
How《ハウ》…どのように
5W《ダブリュー》 1H《エイチ》
作文《さくぶん》は、言葉《ことば》で映像《えいぞう》を作《つく》り出《だ》し、人《ひと》に伝《つた》えるものなんだ。そのためには5W《ダブリュー》1H《エイチ》がとっても大事《だいじ》なんだよ。
お言葉《ことば》ですが先生《せんせい》!ぼくの作文《さくぶん》のどこがいけないのでしょうか!

「はじめ」の段落《だんらく》で「いつ」「どこで」「だれと」という情報《じょうほう》はしっかり書《か》いてます。

夏休《なつやす》みに、家族《かぞく》で離島《りとう》の別荘《べっそう》に行《い》きました。家族三人《かぞくさんにん》といとこのお兄《にい》さんと行《い》きました。自家用《じかよう》の大型《おおがた》クルーザーで行《い》きました。

たしかに、一見《いっけん》すると書《か》けているように思《おも》えるね。

でも、もう少《すこ》し細《こま》かい情報《じょうほう》を書《か》いてあげると、読《よ》み手《て》がイメージしやすい作文《さくぶん》になると思《おも》うよ！

「どこで」したのか、「どこへ」行《い》ったのかは、場所《ばしょ》の名前《なまえ》がわかればしっかり書《か》こう。

ええと、たしか四丈半島《よじょうはんじま》だったな。

たくさん別荘《べっそう》があるからわからなくなるよ。

「だれと」は、もう少《すこ》し具体的《ぐたいてき》に書《か》こう。人《ひと》の名前《なまえ》も書《か》くとわかりやすいよ。

お父《とう》さんとおかあさんと、いとこのスネ吉兄《きちにい》さんと行《い》ったんだ。

二《ふた》つ目《め》のポイントは「五感《ごかん》などの感覚《かんかく》」!
・視覚《しかく》…色《いろ》や形《かたち》
・聴覚《ちょうかく》…音《おと》や声《こえ》
・嗅覚《きゅうかく》…におい
・味覚《みかく》…味《あじ》
・触覚《しょっかく》…さわった感触《かんしょく》
「五感《ごかん》」とは、視覚《しかく》や聴覚《ちょうかく》など人間《にんげん》の感覚《かんかく》のことで、これらをうまく使《つか》えば具体的《ぐたいてき》なイメージが伝《つた》わりやすくなるよ。

バーベキューでサザエやアワビを食《た》べたときの味《あじ》をよ~く思《おも》い出《だ》して書《か》いてみよう。

しょうゆとバターの味《あじ》が口《くち》の中《なか》でじゅわっと広《ひろ》がっておいしかったなぁ。

クーッ!! どんどんうらやましくなってきた。

三《みっ》つ目《め》のポイントは「数《かず》」!

シュノーケリングのときに、どのくらいはなれた沖《おき》に行《い》ったか、何《なん》mもぐったか、具体的《ぐたいてき》な数字《すうじ》を書《か》くと、イメージしやすいよね。

なるほど!

①「5W《ダブリュー》1H《エイチ》」
②「五感《ごかん》などの感覚《かんかく》」
③「数《かず》」
これらの情報《じょうほう》を加《くわ》えたスネ夫《お》くんの作文《さくぶん》はこうなるよ。それぞれの番号《ばんごう》を参考《さんこう》にしてね。

都会《とかい》ではできない体験《たいけん》

骨川《ほねかわ》　スネ夫《お》

はじめ

①八月《はちがつ》の中《なか》ごろ、家族《かぞく》で①四丈半島《よじょうはんじま》の別荘《べっそう》に行《い》きました。①お父《とう》さんとお母《かあ》さんと、いとこのスネ吉兄《きちにい》さんの四人《よにん》で、自家用《じかよう》の大《おお》型《がた》クルーザーで行《い》きました。

なか1

一日目《いちにちめ》は、別荘《べっそう》に着《つ》いてから、バーベキューをしました。とれたてのサザエやアワビを食《た》べました。②口《くち》の中《なか》でしょうゆとバターの味《あじ》がじゅわっと広《ひろ》がって、①とてもおいしかったです。このおいしさは何《なに》ものにも代《か》えがたく、のび太《た》やしずちゃんたちにも味《あじ》わってもらいたいと思《おも》いました。

なか2

二日目《ふつかめ》は、ボートで沖《おき》の方《ほう》に行《い》き、シュノーケリングを楽《たの》しみました。③深《ふか》さが五《ご》メートルもある、すき通《とお》るような海底《かいてい》の景《け》色《しき》はとてもきれいで、心《こころ》が洗《あら》われるようでした。

おわり

都会《とかい》に住《す》んでいるとできない貴重《きちょう》な体験《たいけん》ができて、ぼくはとても幸《しあわ》せだなぁと思《おも》いました。来年《らいねん》もまた、行《い》きたいです。

はじめ　なか1　なか2　おわり

あと何回《なんかい》行《い》けるかな?

二年《にねん》 I《アイ》

①八月《はちがつ》のおぼん休《やす》みに、①あいちけんにあるしきの森《もり》に行《い》きました。車《くるま》でかぞくみんなで行《い》きました。

まず、そりにのって、さかをすべりました。のぼるのがとってもたいへんでした。③「八十《はちじゅう》メートルいじょうあるかもしれないな。」と思《おも》うほどのぼりました。ぜんぶのぼったとき、「ハーハー」言《い》いました。すべったときに、風《かぜ》が前《まえ》からふいてきて、②すずしかったです。②そりの色《いろ》は、わたしのすきな黄色《きいろ》でした。

つぎに、ぶらんこにのりました。前後《まえうし》ろ、前後《まえうし》ろと何回《なんかい》もくりかえして足《あし》をのばしたり、まげたりしました。そして、目《め》をつぶってぶらんこにのると、②心《しん》ぞうが「ぞくっ」として、くうちゅうにうかんでいるようでした。目《め》をつぶったまま、立《た》ちのりをしたら、②もっと「ぞくっ」としました。

そりにのったり、ぶらんこにのったりして、とっても楽《たの》しかったです。あと何回《なんかい》もしきの森《もり》に行《い》きたいです。

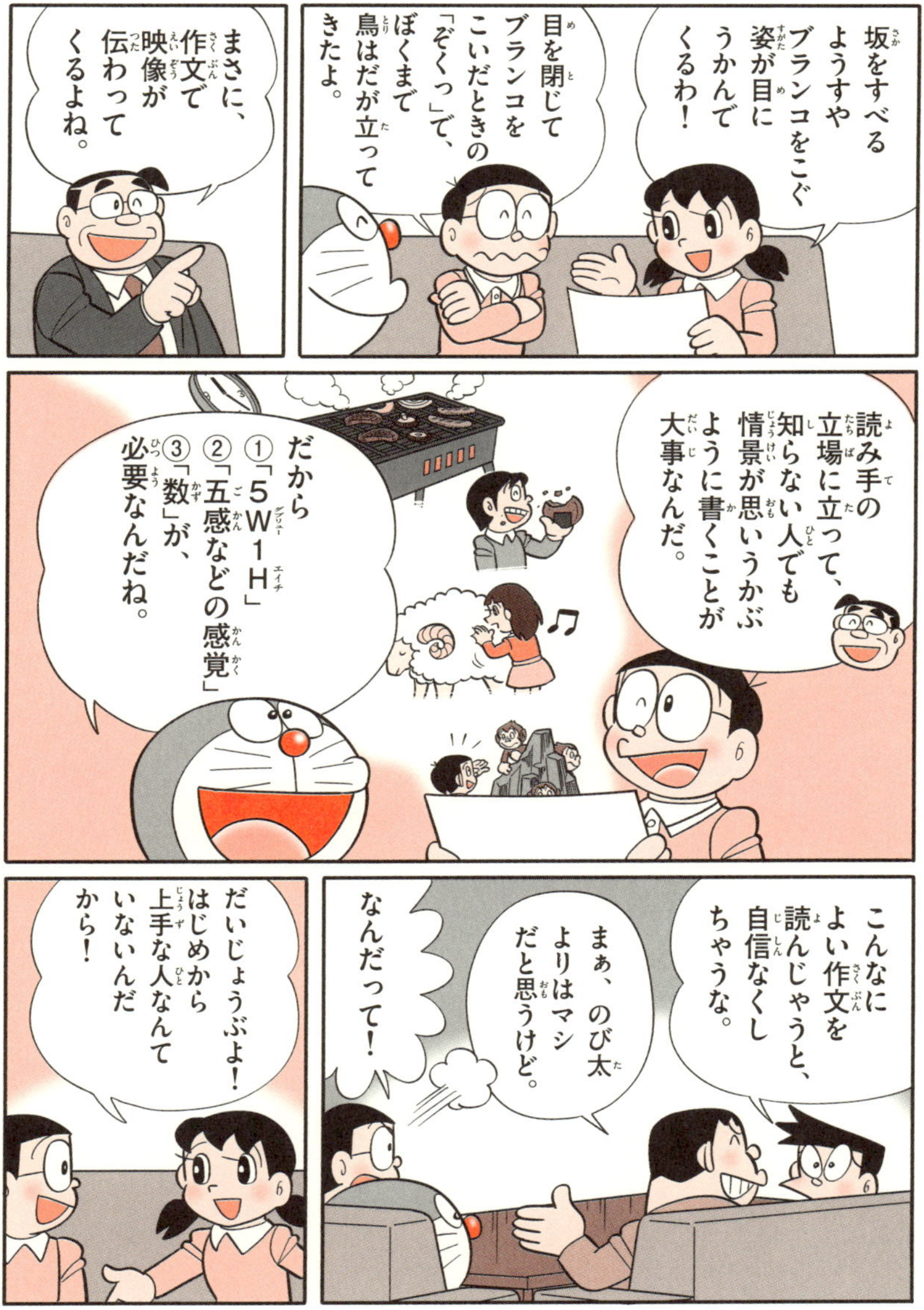
坂《さか》をすべるようすやブランコをこぐ姿《すがた》が目《め》にうかんでくるわ！

目《め》を閉《と》じてブランコをこいだときの「ぞくっ」で、ぼくまで鳥《とり》はだが立《た》ってきたよ。

まさに、作文《さくぶん》で映像《えいぞう》が伝《つた》わってくるよね。

読《よ》み手《て》の立場《たちば》に立《た》って、知《し》らない人《ひと》でも情景《じょうけい》が思《おも》いうかぶように書《か》くことが大事《だいじ》なんだ。

だから①「5W1H《ダブリューエイチ》」②「五感《ごかん》などの感覚《かんかく》」③「数《かず》」が、必要《ひつよう》なんだね。

こんなによい作文《さくぶん》を読《よ》んじゃうと、自信《じしん》なくしちゃうな。

まぁ、のび太《た》よりはマシだと思《おも》うけど。

なんだって！

だいじょうぶよ！はじめから上手《じょうず》な人《ひと》なんていないんだから！

そのとおりだよ、しずかちゃん！

お手本《てほん》となる作文《さくぶん》をたくさん読《よ》んだり、書《か》き写《うつ》したりすることで、
作文《さくぶん》のリズムや、言葉《ことば》の選《えら》び方《かた》が、見《み》ちがえるほどよくなるよ！

そして、書《か》いた作文《さくぶん》を友達同士《ともだちどうし》で発表《はっぴょう》し合《あ》おう！

友達《ともだち》の発表《はっぴょう》を聞《き》くのはおもしろいし、喜《よろこ》んでもらえると書《か》いた本人《ほんにん》もうれしいからね。そうなると作文《さくぶん》を書《か》くのがもっと楽《たの》しくなるよ！

楽《たの》しんでたくさん書《か》くことが、上達《じょうたつ》する近道《ちかみち》ってことか！

よーし、もっとみんながうらやましがる作文《さくぶん》を書《か》けるようになるぞ！

ドラえもん、ちょっと…

ゴニョゴニョ…

ええっ！そんなこと……

先生《せんせい》！できました！

みんな、よくがんばったね！

どれもすばらしい作文《さくぶん》だよ！

のび太《た》くんは家族旅行《かぞくりょこう》でハワイに行《い》ったんだね。

この、「ハワイのビーチはとても美《うつく》しくて、キラキラとかがやいていました。」というところがよく書《か》けているよ。

うそだ！

のび太《た》がハワイ旅行《りょこう》なんて行《い》けるはずない！
たしかに、そんな話《はなし》聞《き》いたことないぞ！
うそかほんとか「タイムテレビ」で確《たし》かめようじゃないか。
あーっ！
ほんとにハワイに行《い》ってる！
そんなことが…
だれかさんとちがって、ハワイ旅行《りょこう》くらいでいちいちじまんなんかしないんだよ。
ん？ちょっとまった！

ハワイデパート
ハワイデパートに……
ハワイのゆ
ハワイ銭湯《せんとう》!?
ハワイというよりうちの近所《きんじょ》だな。
ハワイにこんな場所《ばしょ》ないぞ!!
しまった！
あっ！それは頭《あたま》の中《なか》を映《うつ》し出《だ》す「イメージ灯《とう》」。
このタイムテレビ、張《は》りぼてだぞ！
のび太《た》が考《かんが》えたインチキハワイを映《うつ》していたのか！
ごめんなさあい!!
どうせバレるんだから、やめておけばよかったのに…

この章《しょう》のまとめ

作文《さくぶん》の「型《かた》」①　説明的作文《せつめいてきさくぶん》・時系列型《じけいれつがた》

●できごとについて、時系列《じけいれつ》に沿《そ》って順番《じゅんばん》に説明《せつめい》する。

↓とくに自分《じぶん》の行動《こうどう》（したこと、見《み》たこと）について細《こま》かくていねいに書《か》こう。

はじめ	何《なに》について書《か》くのか示《しめ》す
なか1	はじめにしたことのようすやできごと
なか2	次《つぎ》にしたことのようすやできごと
おわり（まとめ）	「なか1」「なか2」を書《か》いて、思《おも》ったことや共通点《きょうつうてん》など

※向《む》いているテーマは、日記《にっき》や夏休《なつやす》みの思《おも》い出《で》、運動会《うんどうかい》や遠足《えんそく》といった学校行事《がっこうぎょうじ》など。

●読《よ》み手《て》に伝《つた》えるための3つのポイント。

①5W《ダブリュー》1H《エイチ》

「いつ」「どこで」「だれが」「何《なに》を」「なぜ」「どのように」を具体的《ぐたいてき》に書《か》く。

②五感《ごかん》などの感覚《かんかく》

「色《いろ》や形《かたち》」「音《おと》や声《こえ》」「におい」「味《あじ》」「さわった感触《かんしょく》」などを具体的《ぐたいてき》に書《か》く。

③数《かず》

「何人《なんにん》」「何個《なんこ》」「何《なん》m」などの数字《すうじ》の情報《じょうほう》を具体的《ぐたいてき》に書《か》く。

第《だい》3章《しょう》

自分《じぶん》の気持《きも》ちや考《かんが》えなどを説明《せつめい》しよう

（説明的作文《せつめいてきさくぶん》・観点型《かんてんがた》）

うーん…
みんなでなやんでどうしたの？
宿題《しゅくだい》で「わたしの宝物《たからもの》」というテーマの作文《さくぶん》を書《か》くことになったんだけど…
何《なに》をどう書《か》けばいいのかわからなくて…
また岩元《いわもと》先生《せんせい》の家《いえ》で教《おし》えてもらおうよ！
知《し》り合《あ》ったばかりなのに、何度《なんど》もおじゃましちゃ悪《わる》いわ。
そうかなぁ。
それじゃあ、岩元《いわもと》先生《せんせい》に来《き》てもらおうよ！

「かべ紙《がみ》ハウス」。
かべにはると本物《ほんもの》の部屋《へや》になるよ。
中《なか》はこんなに広《ひろ》いんだ。
勉強用《べんきょうよう》の机《つくえ》やおかしを作《つく》るためのキッチンも用意《ようい》したよ。
あとは先生《せんせい》を呼《よ》ぶだけだね。
遠《とお》いところにあるものを取《と》り出《だ》せる「とりよせバッグ」で…
?
ワッ!

急《きゅう》に引《ひ》っ張《ば》られたから、びっくりしちゃったよ。どうしたんだい？

ごめんなさい。

じつは、「わたしの宝物《たからもの》」というテーマの作文《さくぶん》を書《か》くにはどうすればいいか教《おし》えてほしいんです。

そういうことなら任《まか》せて！

「わたしの宝物《たからもの》」というテーマは、「説明的作文《せつめいてきさくぶん》・観点型《かんてんがた》」にぴったりなんだ！

この間《あいだ》、ちょっとだけ教《おし》えたのは覚《おぼ》えてるかな？

えーっと、なんだっけ……

たしか、観察記録《かんさつきろく》や意見文《いけんぶん》などに使《つか》う型《かた》ですよね？

そのとおり！

できごとを時系列《じけいれつ》で説明《せつめい》するのではなく、自分《じぶん》の好《す》きな何《なに》かをしょうかいしたり、気《き》になったものを報告《ほうこく》したりするときに「説明的作文《せつめいてきさくぶん》・観点型《かんてんがた》」を使《つか》うんだ！

カンテンってどういう意味《いみ》なんだ？

そんなことも知《し》らないの？

おかしのゼリーみたいにとうめいなものだよね！

それは寒天《かんてん》！！

「観点《かんてん》」とは自分《じぶん》が物事《ものごと》を見《み》たり、考《かんが》えたりするときの立場《たちば》のことだよ。

「○○してうれしかった」「○○におどろいた」などの感情《かんじょう》や、「わたしの好《す》きな○○」「わたしのペット」などのしょうかいも「観点型《かんてんがた》」になるよ。

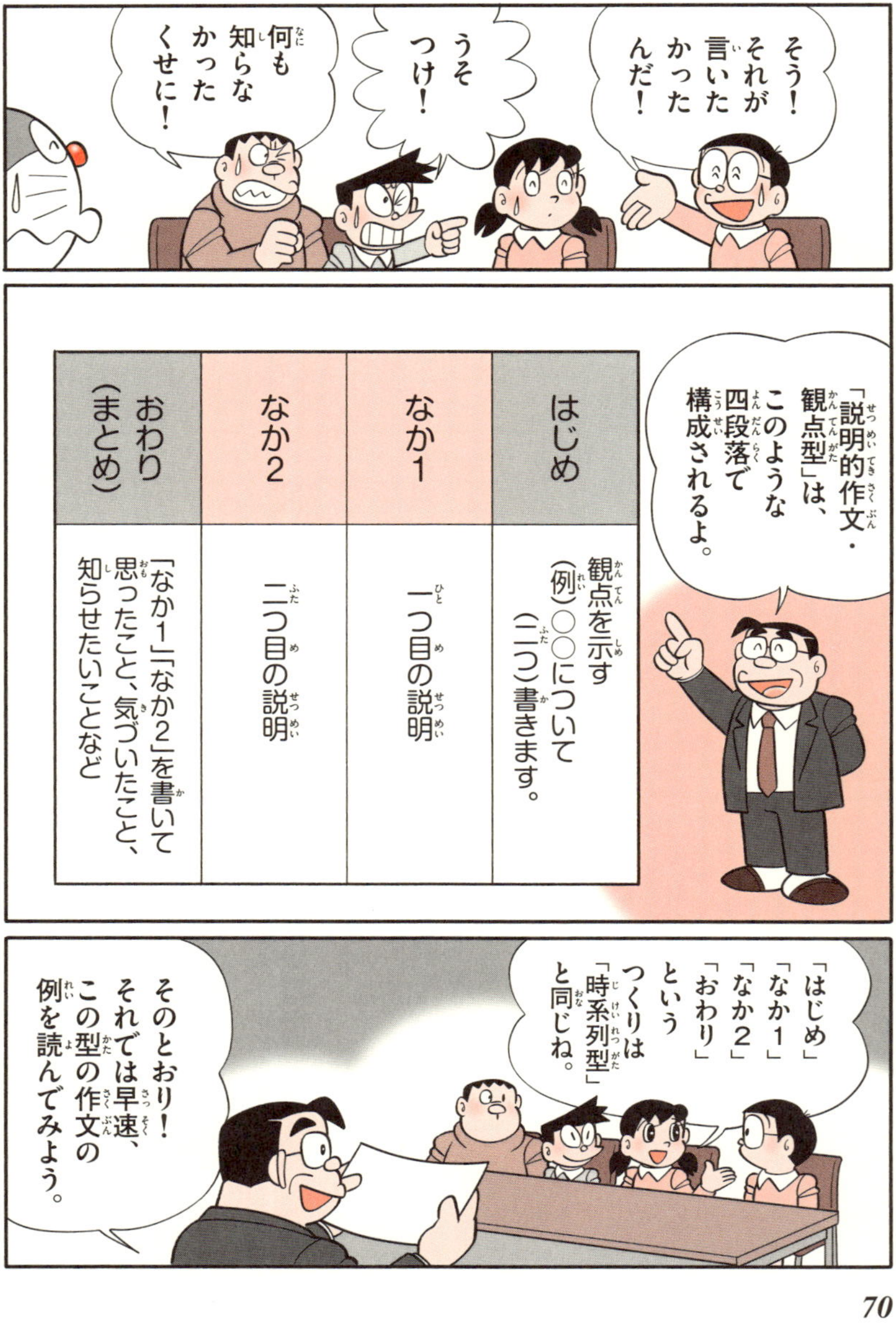
そう！それが言《い》いたかったんだ！
うそつけ！
何《なに》も知《し》らなかったくせに！
「説明的作文《せつめいてきさくぶん》・観点型《かんてんがた》」は、このような四段落《よんだんらく》で構成《こうせい》されるよ。
はじめ
観点《かんてん》を示《しめ》す(例《れい》)○○について(二《ふた》つ)書《か》きます。
なか1
一《ひと》つ目《め》の説明《せつめい》
なか2
二《ふた》つ目《め》の説明《せつめい》
おわり(まとめ)
「なか1」「なか2」を書《か》いて思《おも》ったこと、気《き》づいたこと、知《し》らせたいことなど
「はじめ」「なか1」「なか2」「おわり」というつくりは「時系列型《じけいれつがた》」と同《おな》じね。
そのとおり！それでは早速《さっそく》、この型《かた》の作文《さくぶん》の例《れい》を読《よ》んでみよう。

太陽《たいよう》に向《む》かうジェットコースター

四年《よねん》　H《エイチ》

はじめ

ぼくは、旅行《りょこう》で行《い》った遊園地《ゆうえんち》のジェットコースターの中《なか》で、大《だい》好《す》きで楽《たの》しかった二《ふた》つを紹介《しょうかい》する。

なか１

一《ひと》つ目《め》は、大阪府《おおさかふ》にある、USJ《ユーエスジェイ》の「バックドロップ」だ。後《うし》ろ向《む》きで進《すす》み頭《あたま》がくらくらしてくるほど高《たか》くあがる。そして、体《からだ》がかたむいたかと思《おも》うと、いっしゅんにして落《お》ちる。音楽《おんがく》が流《なが》れ、冷《ひ》や汗《あせ》がたらーりと流《なが》れた。このきんちょう感《かん》がぼくは大好《だいす》きだ。あっという間《ま》に終《お》わってしまう。まるで暴走列車《ぼうそうれっしゃ》のようだ。

なか２

二《ふた》つ目《め》は、三重県《みえけん》ナガシマスパーランドの「ホワイトサイクロン」だ。のぼったり、くだったりとても急《きゅう》なジェットコースターだ。くだったときは、むねがキュッとなってういてしまいそうなくらい速《はや》いスピードだった。のぼるときは、ゆっくりとガタガタと音《おと》をたてながら、ようしゃなくぐんぐんあがっていく。

おわり

二《ふた》つともスピードは速《はや》くスリル満点《まんてん》だ。太陽《たいよう》に向《む》かって進《すす》んでいくジェットコースターは誰《だれ》にも止《と》められない。

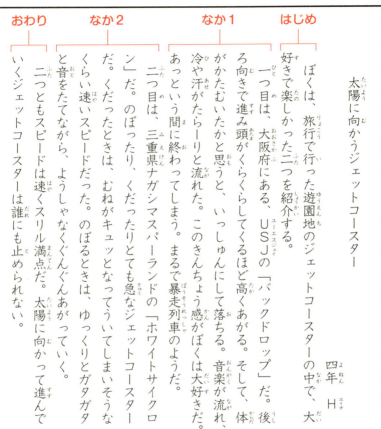

「説明的作文《せつめいてきさくぶん》・観点型《かんてんがた》」でどんな作文《さくぶん》が書《か》けるか、なんとなくつかめたかな？

はい！ところで、今日《きょう》のおやつはやっぱり寒天《かんてん》ですか？

気《き》が早《はや》すぎるし、寒天《かんてん》は関係《かんけい》ないよ！

わたしは「時系列型《じけいれつがた》」と「観点型《かんてんがた》」のちがいをもっとくわしく知《し》りたいわ。

なるほど！

それじゃあ二《ふた》つの型《かた》のちがいに注目《ちゅうもく》して、もう少《すこ》しくわしく解説《かいせつ》しよう！

「時系列《じけいれつ》」では、・いつ行《い》ったか・どの順番《じゅんばん》で行《い》ったかなど、時間《じかん》の情報《じょうほう》や順序《じゅんじょ》について正確《せいかく》に書《か》くよ。

それに対《たい》して「観点型《かんてんがた》」では、できごとの順序《じゅんじょ》に関係《かんけい》なく、・思《おも》ったこと・好《す》きなもの・感《かん》じたこと・気《き》になるものを最初《さいしょ》に示《しめ》して、生《い》き生《い》きと書《か》くことを優先《ゆうせん》するんだ！

二《ふた》つ取《と》り上《あ》げる
プリン
「観点型《かんてんがた》」は、「時系列型《じけいれつがた》」よりも自分《じぶん》の気持《きも》ちや考《かんが》えに重点《じゅうてん》をおいて書《か》く型《かた》なんですね！

そのとおり！すばらしいまとめだよ！

さすがしずちゃん！

のび太《た》くんも、もっと自分《じぶん》で考《かんが》えなきゃだめだよ。

ぼくは「難《むずか》しい話《はなし》は苦手《にがて》だ」という自分《じぶん》の気持《きも》ちに重点《じゅうてん》をおいているんだ。

そんなことでいばるな！

「時系列型《じけいれつがた》」で書《か》いた作文《さくぶん》を「観点型《かんてんがた》」に直《なお》すこともできるよ！
次《つぎ》の二《ふた》つの作文《さくぶん》を比《くら》べてみよう！

時系列型《じけいれつがた》

はじめ

五月《ごがつ》の連休《れんきゅう》に、家族《かぞく》で動物《どうぶつ》えんに行《い》きました。

なか1

まず、パンダを見《み》ました。パンダはめずらしい動物《どうぶつ》で、なかなか見られないので楽《たの》しみにしていましたが、丸《まる》くなってねていて、あまり動《うご》かなかったので少《すこ》しざんねんでした。

なか2

次《つぎ》に、ライオンを見《み》ました。ライオンはかっこいいイメージがあったのですが、ぼくが見《み》たときは、ひなたでおひるねをしていました。

おわり

動物《どうぶつ》えんの動物《どうぶつ》は、好《す》きなときに好《す》きなだけぐうたらできて、ぼくはうらやましいなと思《おも》いました。

観点型《かんてんがた》

はじめ

五月《ごがつ》の連休《れんきゅう》に、家族《かぞく》で動物《どうぶつ》えんに行《い》きました。気《き》になった動物《どうぶつ》を二《ふた》つしょうかいします。

なか1

一《ひと》つ目《め》は、パンダです。パンダはめずらしい動物《どうぶつ》で、なかなか見《み》られないので楽《たの》しみにしていましたが、丸《まる》くなってねていて、あまり動《うご》かなかったので少《すこ》しざんねんでした。

なか2

二《ふた》つ目《め》は、ライオンです。ライオンはかっこいいイメージがあったのですが、ぼくが見《み》たときは、ひなたでおひるねをしていました。

おわり

動物《どうぶつ》えんの動物《どうぶつ》は、好《す》きなときに好《す》きなだけぐうたらできて、ぼくはうらやましいなと思《おも》いました。

あれ？この作文《さくぶん》どこかで読《よ》んだことあるような…

これ、のび太《た》くんが書《か》いた動物園《どうぶつえん》の作文《さくぶん》だよ！

ほんとだ！

動物園《どうぶつえん》でたくさんの動物《どうぶつ》を見《み》たときなど、できごとがいくつもある場合《ばあい》には、「時系列型《じけいれつがた》」で書《か》こうとすると順番《じゅんばん》がごちゃごちゃになったり、まとまりがない作文《さくぶん》になってしまったりするおそれがあるよ。

そういうときには、自分《じぶん》が思《おも》ったことや気《き》になったことなどの「観点《かんてん》」を最初《さいしょ》に示《しめ》して、二《ふた》つ選《えら》んで作文《さくぶん》にするとうまくまとまりやすいよ。

どうぶつえん
「説明的作文《せつめいてきさくぶん》・観点型《かんてんがた》」のおすすめのテーマをしょうかいするよ。
・好《す》きな○○
・生《い》きものの観察《かんさつ》
・夏休《なつやす》みの思《おも》い出《で》

いつもいちごは一人《ひとり》じめ

二年《にねん》 A《エー》

はじめ

わたしのすきなくだものは、いちごです。二《に》さいぐらいのころから大《だい》すきでした。いちごがりにも、今《いま》まで五《ご》かいぐらいつれて行《い》ってもらいました。

なか1

いちごは、口《くち》の中《なか》に入《い》れると、いちごのたねが歯《は》にあたります。それをプチプチとかみたくなります。おいしいのは、まわりの方《ほう》です。あまいしるが広《ひろ》がります。

なか2

いちごミルクも好《す》きです。コップに三《さん》こいちごを入《い》れます。それをフォークで、ぐちゅぐちゅにつぶします。さいごにミルクを入《い》れてかんせいです。わたしは、さきにいちごをぜんぶ食《た》べます。のこったピンクのミルクをのみます。そのときが一《いち》ばんしあわせです。

おわり

わたしのかぞくは、あまりいちごはすきではありません。とくにいもうとはほとんどたべません。だから、いつもいちごは、一人《ひとり》じめです。

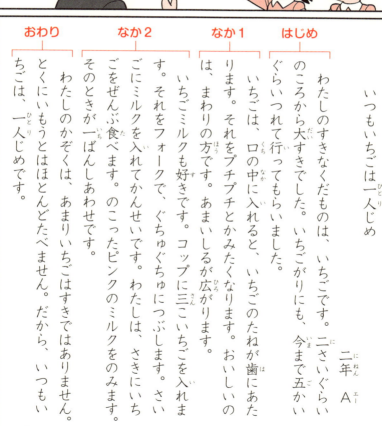

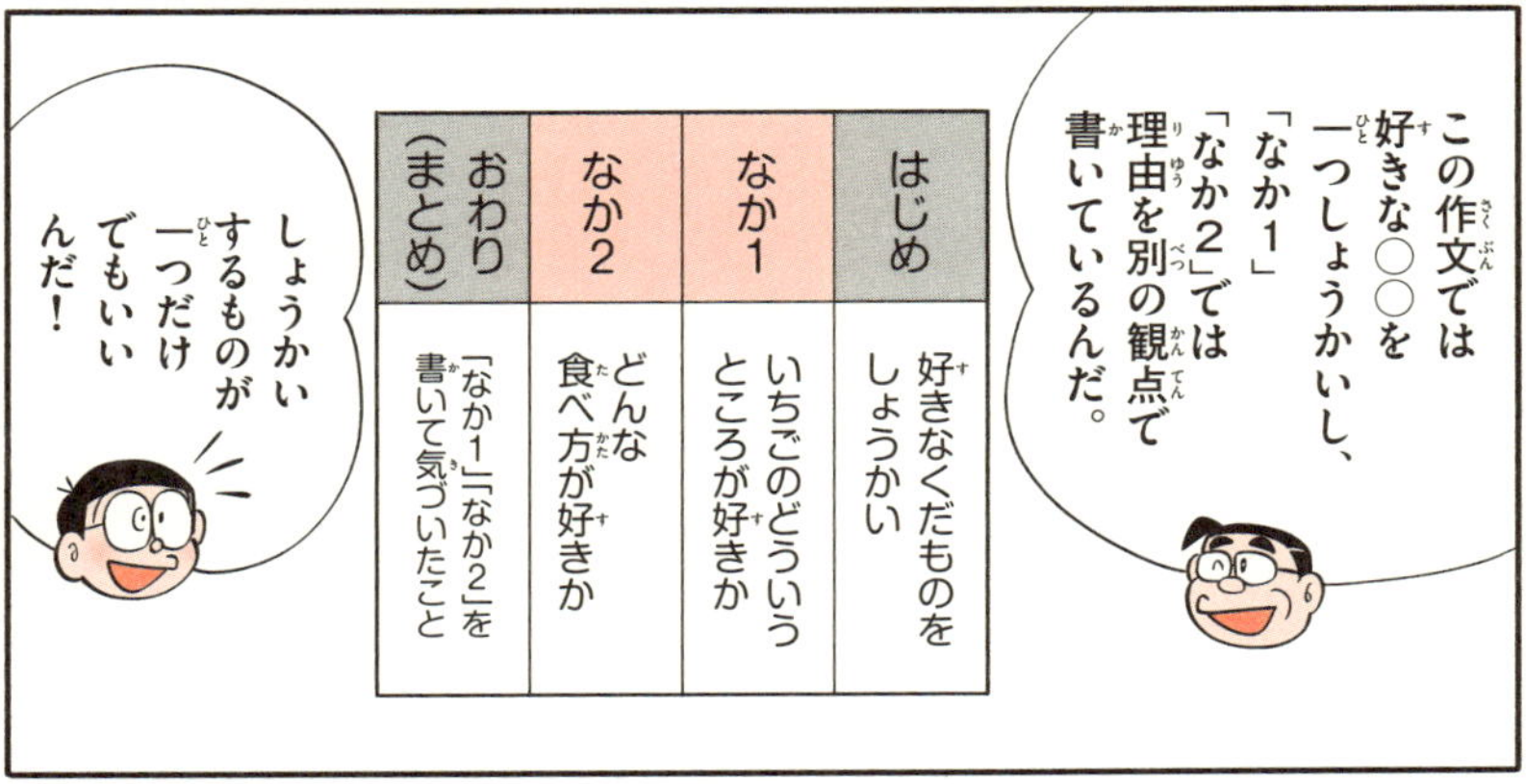

はじめ	好《す》きなくだものをしょうかい
なか1	いちごのどういうところが好《す》きか
なか2	どんな食《た》べ方《かた》が好《す》きか
おわり（まとめ）	「なか1」「なか2」を書《か》いて気《き》づいたこと

どっちで書《か》いてもいいって言《い》われると、どっちにしようか迷《まよ》うなぁ。

優柔不断《ゆうじゅうふだん》だなぁ。

ぼくがおすすめするのは、「二《ふた》つ取《と》り上《あ》げて、共通《きょうつう》しているところを書《か》く」だよ！

「わたしの宝物《たからもの》」というテーマなら、二《ふた》つの宝物《たからもの》をしょうかいするよね。

そうすると、二《ふた》つの宝物《たからもの》を自然《しぜん》と比《くら》べることになるから、「対比的思考《たいひてきしこう》」が生《う》まれて、まとめが書《か》きやすくなるよ。

「わたしの宝物《たからもの》」の作文《さくぶん》も、どう書《か》けばいいか見《み》えてきたぞ。

おれだって！

その調子《ちょうし》だよ！

それじゃぁ、実際《じっさい》に「わたしの宝物《たからもの》」について書《か》かれた作文《さくぶん》を読《よ》んで、みんなも書《か》いてみよう！

しぜんにできた美《うつく》しい石《いし》

三年《さんねん》　R《アール》

はじめ

わたしのたから物《もの》は、石《いし》です。石《いし》といっても、ただの石《いし》ではありません。ほう石《せき》のように美《うつく》しい石《いし》です。

なか1

一《ひと》つめは、フローライトです。日本《にほん》ではほたる石《いし》といいます。ぎふの博《はく》石《せき》かんに行《い》ったとき、鉱石《こうせき》コーナーで、土《つち》の中《なか》から見《み》つけました。うすい緑色《みどりいろ》で、ピラミッドを上《うえ》と下《した》にくっつけたような形《かたち》です。角《かど》がチクチクにとがっています。光《ひかり》をあてると白《しろ》く光《ひか》ります。「だからほたる石《いし》というんだな。」と思《おも》いました。きれいなので、手《て》にとっていつまでも見《み》ています。

もう一《ひと》つは、水晶《すいしょう》ジオードです。これも、博石《はくせき》かんで手《て》に入《い》れました。

なか2

外《そと》から見《み》ると、にわとりのたまごのような長丸《ながまる》です。あぶないので、めがねをかけて、ハンマーでわりました。二《ふた》つにわれると、中《なか》にすきまがあって光《ひか》っています。よく見《み》ると、二《に》、三《さん》ミリぐらいの水晶《すいしょう》がいっぱいかがやいていました。「わぁーっ、すごい。」と、わたしはさけびました。

おわり

二《ふた》つの石《いし》は、今《いま》、つくえの上《うえ》にかざってあります。見《み》るたびに、「きれいだなー。」と思《おも》います。なぜ、しぜんにこんな美《うつく》しい石《いし》ができるのか、本当《ほんとう》にふしぎです

二《ふた》つの石《いし》を対比《たいひ》して、「なぜ美《うつく》しい石《いし》ができるのかふしぎ」というまとめが思《おも》い浮《う》かんだんだね。
次《つぎ》のページからは、「わたしの宝物《たからもの》」の書《か》き方《かた》をくわしく解説《かいせつ》していくよ！

説明的作文《せつめいてきさくぶん》・観点型《かんてんがた》の書《か》き方《かた》ガイド

テーマ「わたしの宝物《たからもの》」

自分《じぶん》が大切《たいせつ》にしている宝物《たからもの》を二《ふた》つしょうかいしましょう。

※以下《いか》の行数《ぎょうすう》は、作文用紙《さくぶんようし》が20行《ぎょう》の場合《ばあい》の目安《めやす》です。それより多《おお》かったり少《すく》なかったりする場合《ばあい》には、割合《わりあい》のほうを参考《さんこう》にしてください。

①はじめ…次《つぎ》のアかイのように書《か》いて、何《なに》をしょうかいするのか「観点《かんてん》」を示《しめ》します。
［2～3行程度《ぎょうていど》（全体《ぜんたい》の10～15％程度《ていど》の割合《わりあい》）］

ア　わたしが今《いま》、大切《たいせつ》にしている宝物《たからもの》を二《ふた》つしょうかいします。

イ　わたしにはたくさんの宝物《たからもの》があります。そのなかから二《ふた》つしょうかいします。

②なか1…一《ひと》つ目《め》の宝物《たからもの》をしょうかいします。
「一《ひと》つ目《め》は〇〇です。」と書《か》き始《はじ》め、
次《つぎ》のウ～クのようなことをくわしく書《か》きます。
【6～8行《ぎょう》程度《ていど》（全体《ぜんたい》の30～40％程度《ていど》の割合《わりあい》）】

ウ　宝物《たからもの》の名前《なまえ》
エ　いつ手《て》に入《い》れたか
オ　だれにもらったか、
　　買《か》ったか、作《つく》ったか
カ　大《おお》きさ、形《かたち》、色《いろ》、ようすなど
キ　その宝物《たからもの》との思《おも》い出《で》
ク　今《いま》、どこにあるか

③なか2…二《ふた》つ目《め》の宝物《たからもの》をしょうかいします。
「二《ふた》つ目《め》は〇〇です。」と書《か》き始《はじ》め、
先《さき》ほどのウ～クのようなことをくわしく書《か》きます。
【6～8行《ぎょう》程度《ていど》（全体《ぜんたい》の30～40％程度《ていど》の割合《わりあい》）】

④おわり…その二《ふた》つの宝物《たからもの》について、
考《かんが》えたことやわかったことなどを
次《つぎ》のケ～サのように書《か》きます。
【3～4行《ぎょう》程度《ていど》（全体《ぜんたい》の15～20％程度《ていど》の割合《わりあい》）】

ケ　二《ふた》つの宝物《たからもの》のことを書《か》いたら、
ますます大事《だいじ》に思《おも》えてきました。

コ　これからも、この二《ふた》つの宝物《たからもの》を
大切《たいせつ》にしていきたいです。

サ　わたしの宝物《たからもの》は、どちらも○○だと
いうことがわかりました。

最後《さいご》に、「おわり（まとめ）」の
なかの言葉《ことば》を使《つか》って
タイトルを書《か》きましょう。

各段落《かくだんらく》の文章量《ぶんしょうりょう》の割合《わりあい》

はじめ	なか1	なか2	おわり（まとめ）
10～15%	30～40%	30～40%	15～20%

ドラえもんくんの宝物《たからもの》は何《なに》かな？
ひみつです！
アイドルの伊藤《いとう》つばさちゃんの写真《しゃしん》を大事《だいじ》にしてるよ。
言《い》うなー!!

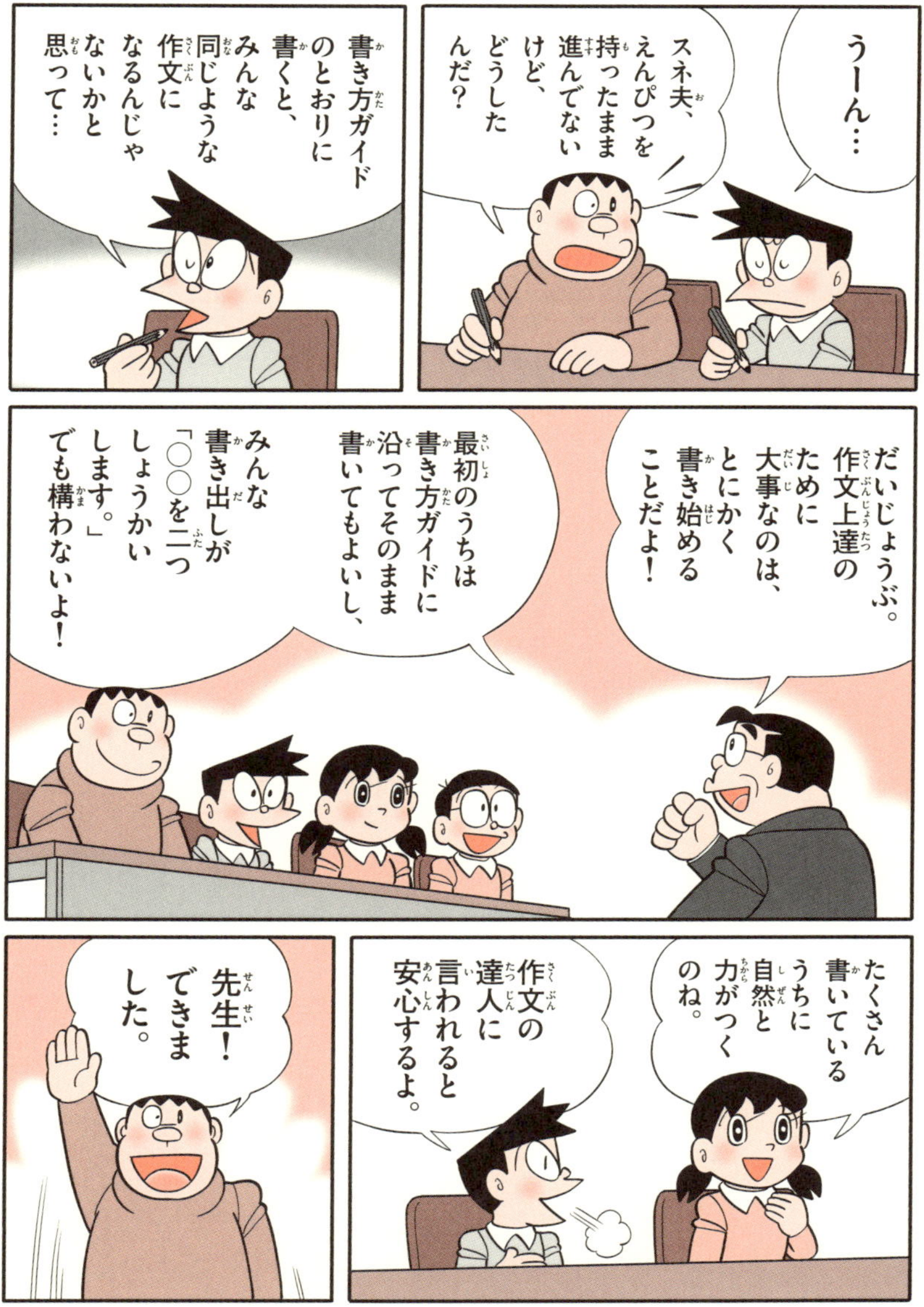
うーん…

スネ夫、えんぴつを持《も》ったまま進《すす》んでないけど、どうしたんだ？

書《か》き方《かた》ガイドのとおりに書《か》くと、みんな同《おな》じような作文《さくぶん》になるんじゃないかと思《おも》って…

だいじょうぶ。作文上達《さくぶんじょうたつ》のために大事《だいじ》なのは、とにかく書《か》き始《はじ》めることだよ！

最初《さいしょ》のうちは書《か》き方《かた》ガイドに沿《そ》ってそのまま書《か》いてもよいし、みんな書《か》き出《だ》しが「○○を二《ふた》つしょうかいします。」でも構《かま》わないよ！

たくさん書《か》いているうちに自然《しぜん》と力《ちから》がつくのね。

作文《さくぶん》の達人《たつじん》に言《い》われると安心《あんしん》するよ。

先生《せんせい》！できました。

歌手《かしゅ》に欠《か》かせないもの

剛田《ごうだ》 武《たけし》

はじめ

ぼくには、たくさんの宝物《たからもの》がある。そのなかでもとくにお気《き》に入《い》りの二《ふた》つをしょうかいする。

なか１

一《ひと》つ目《め》はマイクだ。ぼくは歌《うた》うことが大好《だいす》きで、歌手《かしゅ》を目《め》指《ざ》しているので、リサイタルのときはもちろん、それ以外《いがい》でもマイクは欠《か》かさず持《も》ち歩《ある》いている。このマイクを見《み》つめていると、今《いま》までの数々《かずかず》の名《めい》リサイタルが思《おも》い出《だ》されて胸《むね》が熱《あつ》くなる。

なか２

二《ふた》つ目《め》は衣装《いしょう》だ。キラキラしたかざりが多《おお》く派手《はで》に見《み》えるが、スターであるぼくにはピッタリだと思《おも》う。リサイタルの衣装《いしょう》はいつも手作《てづく》りで、ひとつひとつこだわって作《つく》っている。ドラえもんから道具《どうぐ》をかりて作《つく》ったこともあったが、やっぱり手作《てづく》りのほうが好《す》きだ。

おわり

ぼくの宝物《たからもの》はどちらも、歌手《かしゅ》を目指《めざ》すぼくにとって欠《か》かせないものだということがわかった。

とってもよく書《か》けてるよ！自分《じぶん》の将来《しょうらい》の夢《ゆめ》に欠《か》かせないんだね。

へへっ！照《て》れるぜ。

このままだと、気分《きぶん》をよくしたジャイアンが歌《うた》いだすなんてことも…

非常《ひじょう》にまずい!!

いやー!!ほんとにすごい文章力《ぶんしょうりょく》！ジャイアンなら歌手《かしゅ》よりもライターか小説家《しょうせつか》に向《む》いているよ！

そうか、そうか！歌手兼《かしゅけん》小説家《しょうせつか》も悪《わる》くないな！

このままでもすばらしいけど…タケシくんの作文《さくぶん》をよくするためにさらによくするためのテクニックを伝授《でんじゅ》しよう！

ポイント①
しょうかいするものを、もう少《すこ》しくわしく説明《せつめい》してみよう！

これ以上《いじょう》、どう説明《せつめい》すればいいんだ？

マイクなら、「いつ手《て》に入《い》れたか」「だれにもらったか（買《か》ったか）」「どんなマイクか（マイクからどんな音《おと》が出《で》るか、スピーカーにつなげられるか）」衣装《いしょう》なら、「いくつ持《も》っているか」「全部《ぜんぶ》手作《てづく》りか、どの部分《ぶぶん》が手作《てづく》りか」「ドラえもんから借《か》りた道具《どうぐ》でどんなものができたか」などについて、くわしく書《か》いてあげると読《よ》む相手《あいて》に伝《つた》わりやすいよね！

なるほどな！

ポイント②は、一文《いちぶん》一文《いちぶん》を短《みじか》くすることを意識《いしき》しよう！

ぼくは歌《うた》うことが大好《だいす》きで、歌手《かしゅ》を目指《めざ》しているので、リサイタルのときはもちろん、それ以外《いがい》でもマイクは欠《か》かさず持《も》ち歩《ある》いている。

ぼくは歌《うた》うことが大好《だいす》きで、歌手《かしゅ》を目指《めざ》している。

リサイタルのときはもちろん、それ以外《いがい》でもマイクはかかさず持《も》ち歩《ある》いている。

文章《ぶんしょう》が簡潔《かんけつ》で読《よ》みやすくなり、理解《りかい》しやすくなるよ！

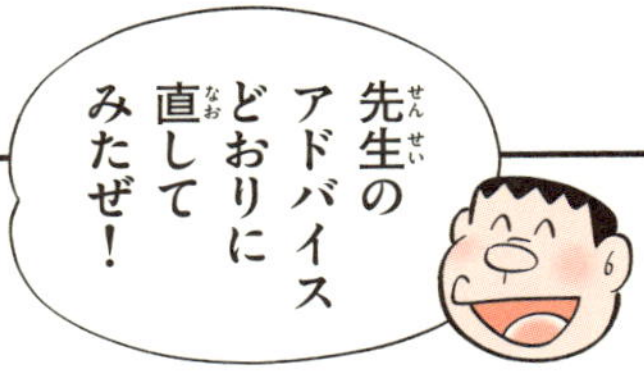
先生《せんせい》のアドバイスどおりに直《なお》してみたぜ！

歌手《かしゅ》に欠《か》かせないもの

剛田《ごうだ》 武《たけし》

はじめ

ぼくには、たくさんの宝物《たからもの》がある。そのなかでもとくにお気《き》に入《い》りの二《ふた》つをしょうかいする。

なか１

一《ひと》つ目《め》はマイクだ。ぼくが一年生《いちねんせい》のときに両親《りょうしん》に買《か》ってもらった。マイクから音《おと》が出《で》る機能《きのう》はないが、ぼくは声《こえ》が大《おお》きいので必《ひつ》要《よう》ない。ぼくは歌《うた》うことが大好《だいす》きで、歌手《かしゅ》を目指《めざ》している。リサイタルのときはもちろん、それ以外《いがい》でもマイクは欠《か》かさず持《も》ち歩《ある》いている。このマイクを見《み》つめていると、今《いま》までの数々《かずかず》の名リサイタルが思《おも》い出《だ》されて胸《むね》が熱《あつ》くなる。

なか２

二《ふた》つ目《め》は衣装《いしょう》だ。キラキラしたかざりがつけてある。全部手作《ぜんぶてづく》りで、ひとつひとつ形《かたち》も変《か》えている。派手《はで》に見《み》えるが、スターであるぼくにはピッタリだと思《おも》う。ドラえもんから道具《どうぐ》をかりて作《つく》ったこともある。プロの衣装《いしょう》みたいでカッコよかったが、やっぱり手作《てづく》りのほうが愛着《あいちゃく》がわいて好《す》きだ。

おわり

ぼくの宝物《たからもの》はどちらも、歌手《かしゅ》を目指《めざ》すぼくにとって欠《か》かせないものだということがわかった。

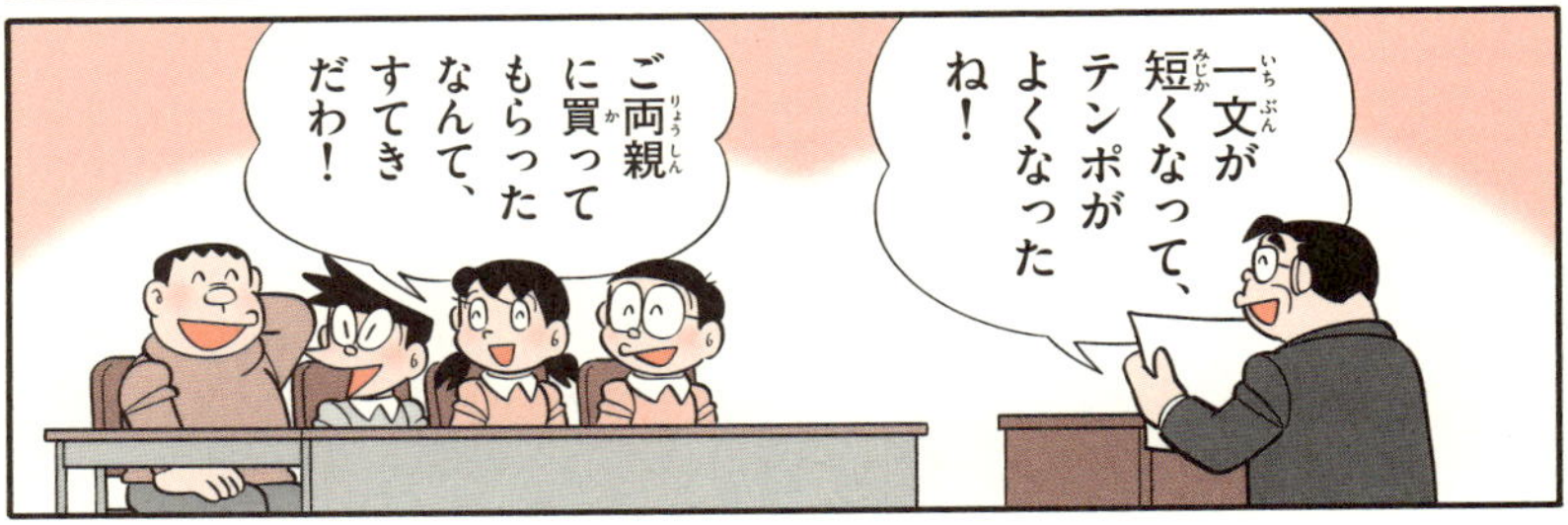
一文《いちぶん》が短《みじか》くなって、テンポがよくなったね！
ご両親《りょうしん》に買《か》ってもらったなんて、すてきだわ！

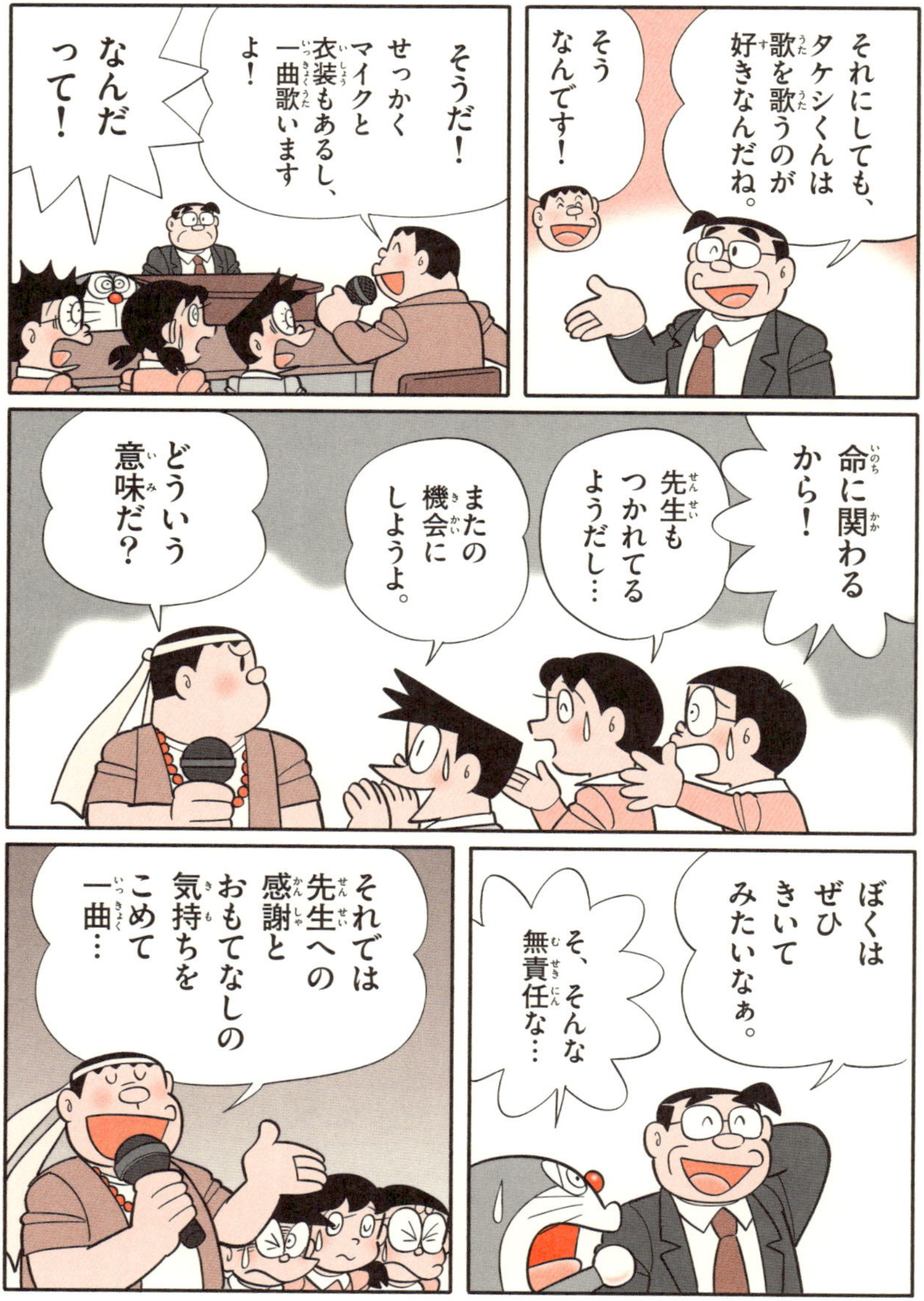
それにしても、タケシくんは歌《うた》を歌《うた》うのが好《す》きなんだね。
そうなんです！
そうだ！せっかくマイクと衣装《いしょう》もあるし、一曲歌《いっきょくうた》いますよ！
なんだって！
命《いのち》に関《かか》わるから！
先生《せんせい》もつかれてるようだし…
またの機会《きかい》にしようよ。
どういう意味《いみ》だ？
ぼくはぜひきいてみたいなぁ。
そ、そんな無責任《むせきにん》な…
それでは先生《せんせい》への感謝《かんしゃ》とおもてなしの気持《きも》ちをこめて一曲《いっきょく》…

ボエ〜♫
な…なかなか個性的《こせいてき》な歌声《うたごえ》だね…
ジャイアンにとっての「宝物《たからもの》」は、ぼくたちにとっては「苦手《にがて》なもの」になりかねないね…

【おまけ】

読書感想文《どくしょかんそうぶん》も書《か》ける

「アンケーター」を使《つか》おう。
かみの毛《け》やつめをデータにして、本人《ほんにん》を再現《さいげん》する道具《どうぐ》だよ。
本人《ほんにん》と同《おな》じように質問《しつもん》に答《こた》えてくれるんだよね。
岩元先生《いわもとせんせい》のかみの毛《け》をこっそりぬいて…
この毛《け》をデータポストに入《い》れる。
岩元先生《いわもとせんせい》だ！
さあ、話《はな》して。
読書《どくしょ》感想文《かんそうぶん》の書《か》き方《ほう》について知《し》りたくて……

読書感想文《どくしょかんそうぶん》も「説明的作文《せつめいてきさくぶん》・観点型《かんてんがた》」で書《か》くことができるよ！
あ！このあいだ教《おし》えてもらったやつだね！
読書感想文《どくしょかんそうぶん》の場合《ばあい》、本《ほん》を一冊《いっさつ》しょうかいすることになるので、「なか」は異《こと》なる観点《かんてん》を二《ふた》つ用《もち》いるよ。
はじめ
どの本《ほん》を読《よ》んだか（読書《どくしょ》のきっかけや話《はなし》の要約《ようやく》）
なか1
心《こころ》に残《のこ》った主人公《しゅじんこう》のエピソード
なか2
主人公《しゅじんこう》のエピソードを読《よ》んで、思《おも》い出《だ》す自分《じぶん》の体験《たいけん》
おわり（まとめ）
主人公《しゅじんこう》と自分《じぶん》のちがい、主人公《しゅじんこう》の行動《こうどう》からの学《まな》びなど
主人公《しゅじんこう》と自分《じぶん》を比《くら》べてまとめを書《か》くってこと？
そのとおり！読書感想文《どくしょかんそうぶん》の例文《れいぶん》を読《よ》んでみよう！

助《たす》けたい気《き》持《も》ち

五年《ごねん》 N《エヌ》

はじめ

『風切《かざき》るつばさ』を読《よ》んだ。仲間殺《なかまごろ》しの犯人《はんにん》にされ飛《と》べなくなったクルルが、カララが来《き》てくれたことにより飛《と》べるようになった話《はなし》だ。

なか１

心《こころ》に残《のこ》ったのは、クルルだ。クルルはみんなに責《せ》められ、だまるしかなかった。そして心《こころ》が悪化《あっか》していき、飛《と》べなくなった。その時《とき》、カララは、何《なに》も言《い》わずおりたった。だまってクルルによりそってくれた。それだけで、クルルは気《き》持《も》ちが楽《らく》になれ、飛《と》べるようになった。

なか２

私《わたし》にもクルルと似《に》たような体験《たいけん》がある。友達《ともだち》とけんかしてしまい、友達《ともだち》といっしょにいる子《こ》たちともしゃべれなくなった。その時助《ときたす》けてくれたのは、そのけんかに関《かか》わっていたT《ティー》さんだった。その子《こ》が、話《はなし》を聞《き》いてくれたことにより、友達《ともだち》と仲直《なかなお》りができた。そして、仲《なか》を深《ふか》めることができた。これは、四年生《よねんせい》の時《とき》の出来事《できごと》だ。

おわり

私《わたし》とクルルとの唯一《ゆいいつ》のちがいは、友達《ともだち》が話《はなし》を聞《き》いてくれたことだ。無言《むごん》と聞《き》くとでは、行動《こうどう》がちがう。けれど、一《ひと》つだけ共通《きょうつう》していることがある。それは、助《たす》けてあげたいという気《き》持《も》ちがあったことだ。

仲間思《なかまおも》いの行動《こうどう》が印象《いんしょう》に残《のこ》ったんだね。
登場人物《とうじょうじんぶつ》と自分《じぶん》を比《くら》べることが、読書感想文《どくしょかんそうぶん》において重要《じゅうよう》なんだよ。

なぜなら、読書感想文《どくしょかんそうぶん》はこれからの自分《じぶん》のために書《か》くものなんだ！

これからの自分《じぶん》…

明日《あした》、先生《せんせい》におこられないようにってことか！

ちがうと思《おも》うよ。

心《こころ》に残《のこ》った登場人物《とうじょうじんぶつ》の行動《こうどう》と自分《じぶん》の行動《こうどう》を比《くら》べて学《まな》び、これからの自分《じぶん》の行動《こうどう》にいかせるように書《か》いていくんだ！

本《ほん》の感想《かんそう》って何《なに》を書《か》けばいいのかわからなかったけど、これなら書《か》くことがハッキリしてるからぼくでも書《か》けそうだ！

いいね！それじゃあ、読書感想文《どくしょかんそうぶん》の書《か》き方《かた》を解説《かいせつ》していくよ！

説明的作文《せつめいてきさくぶん》・観点型《かんてんがた》を使《つか》った

読書感想文《どくしょかんそうぶん》の書《か》き方《かた》ガイド

読書感想文《どくしょかんそうぶん》も、「説明的作文《せつめいてきさくぶん》・観点型《かんてんがた》」を使《つか》って四段落構成《よんだんらくこうせい》で書《か》くことができます。

※以下《いか》の行数《ぎょうすう》は、作文用紙《さくぶんようし》が40行《ぎょう》の場合《ばあい》の目安《めやす》です。それより多《おお》かったり少《すく》なかったりする場合《ばあい》には、割合《わり》あいのほうを参考《さんこう》にしてください。

①はじめ…その本《ほん》を読《よ》んだきっかけと本《ほん》のあらすじを書《か》きます。
【6行程度《ぎょうていど》(全体《ぜんたい》の15%程度《ていど》の割合《わりあい》)】

(例《れい》)この本《ほん》は、図書館《としょかん》でぐうぜん見《み》つけました。内容《ないよう》は、○○だった主人公《しゅじんこう》のA《エー》さんが、△△して××になるお話《はなし》です。

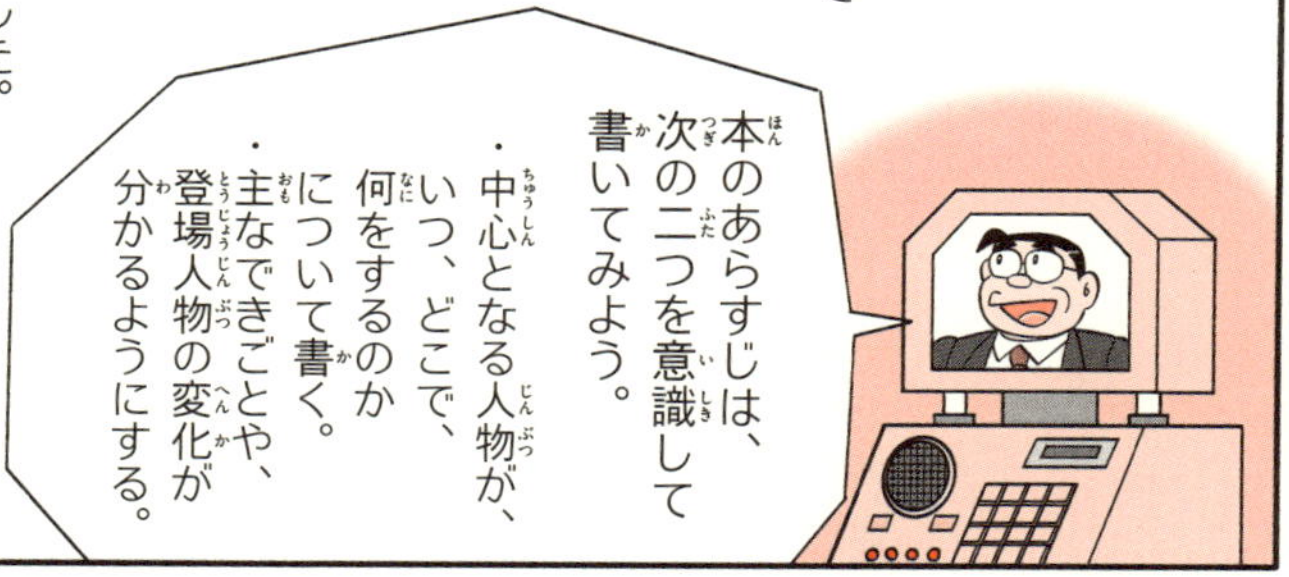
本《ほん》のあらすじは、次《つぎ》の二《ふた》つを意識《いしき》して書《か》いてみよう。
・中心《ちゅうしん》となる人物《じんぶつ》が、いつ、どこで、何《なに》をするのかについて書《か》く。
・主《おも》なできごとや、登場人物《とうじょうじんぶつ》の変化《へんか》が分《わ》かるようにする。

ところで、何《なん》の本《ほん》の感想文《かんそうぶん》を書《か》くの？

じつは…まだ決《き》めてないんだ。
えーっ！間《ま》に合《あ》わないよ!!

②なか1…主人公《しゅじんこう》や登場人物《とうじょうじんぶつ》の行動《こうどう》のなかで、
とくに好《す》きなところや
印象《いんしょう》に残《のこ》ったことを書《か》きます。
【12行程度《ぎょうていど》(全体《ぜんたい》の30%程度《ていど》の割合《わりあい》)】

例《れい》わたしの心《こころ》に残《のこ》ったのは、
A《エー》さんの○○な行動《こうどう》です。
それにより、まわりのみんなが
△△になりました。

③なか2…主人公《しゅじんこう》や登場人物《とうじょうじんぶつ》の行動《こうどう》を読《よ》んで、
思《おも》い出《だ》した自分《じぶん》の行動《こうどう》や体験《たいけん》を書《か》きます。
【16行程度《ぎょうていど》(全体《ぜんたい》の40%程度《ていど》の割合《わりあい》)】

例《れい》A《エー》さんの行動《こうどう》を読《よ》んで、
思《おも》い出《だ》したことがあります。
それは、わたしが○○だったことです。

主人公《しゅじんこう》や登場人物《とうじょうじんぶつ》と自分《じぶん》を重《かさ》ねるのがポイントなんだ。

今《いま》からでも読《よ》み終《お》えられる本《ほん》といえば…

これしかない!
よいこのえほん
ももたろう
日本一
絵本《えほん》じゃないか!

④おわり…主人公《しゅじんこう》とわたしの行動《こうどう》のちがいや、
主人公《しゅじんこう》の行動《こうどう》から学《まな》んだことなどを書《か》きます。
【6行程度《ぎょうていど》(全体《ぜんたい》の15%程度《ていど》の割合《わりあい》)】

(例《れい》)A《エー》さんは○○だけど、わたしは△△でした。
これからはA《エー》さんのように○○したいです。

最後《さいご》に、「おわり(まとめ)」の
なかの言葉《ことば》を使《つか》って
タイトルを書《か》きましょう。

各段落《かくだんらく》の文章量《ぶんしょうりょう》の割合《わりあい》

はじめ	なか1	なか2	おわり(まとめ)
15%	30%	40%	15%

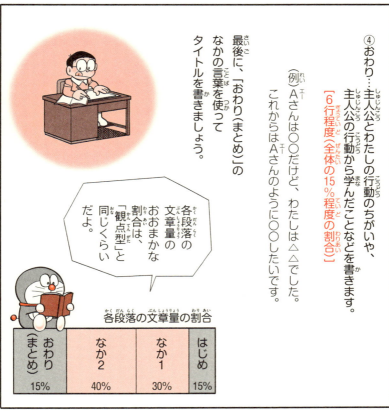

勇気《ゆうき》とちから

野比《のび》 のび太《た》

はじめ

本《ほん》の整理《せいり》をしているときに、昔読《むかしよ》んでいた『ももたろう』が出《で》てきたので、ひさしぶりに読《よ》みました。ももから生《う》まれたももたろうが、犬《いぬ》とサルとキジを仲間《なかま》にして、オニ退治《たいじ》にいくお話《はなし》です。

なか1

ひさしぶりに読《よ》んで、心《こころ》に残《のこ》ったのは、ももたろうの行動《こうどう》です。ももたろうは育《そだ》ててくれたおばあさんとおじいさん、村《むら》のみんなのためにオニを退治《たいじ》し、うばわれたお宝《たから》を取《と》り返《かえ》しました。

なか2

ぼくも、いつも乱暴者《らんぼうもの》におもちゃを取《と》り上《あ》げられて、くやしい思《おも》いをしている友達《ともだち》が身近《みぢか》にいます。ぼくも、おもちゃをとりかえしてあげたいと思《おも》うけど、ぼくは乱暴者《らんぼうもの》にはこわくて立《た》ち向《む》かえません。

おわり

ぼくがももたろうとちがうのは、勇気《ゆうき》と力《ちから》がないことです。でも、親《した》しい人《ひと》を助《たす》けたいという気持《きも》ちはあります。ぼくもいつかももたろうのように勇気《ゆうき》と力《ちから》をもって、友達《ともだち》を助《たす》けることができるようになりたいです。

のび太《た》くんにしてはじょうできだよ！
「しては」は余計《よけい》だよ！
あれっ先生《せんせい》が…
どうやらこわれちゃったみたい…
そんな！
せっかくがんばって書《か》いたのに、ほめてもらえないじゃないか！
結局《けっきょく》、本人《ほんにん》を起《お》こすことになるのか…
先生《せんせい》！ぜひ読《よ》んでください！

この章《しょう》のまとめ

作文《さくぶん》の「型《かた》」② 説明的作文《せつめいてきさくぶん》・観点型《かんてんがた》

●ある観点《かんてん》に沿《そ》って、自分《じぶん》の考《かんが》えや意見《いけん》、しょうかいしたいもの、報告《ほうこく》したいものなどを説明《せつめい》する。

【パターン①】観点《かんてん》に沿《そ》って、例《れい》を二《ふた》つ挙《あ》げる。

はじめ	なか1	なか2	おわり（まとめ）
観点《かんてん》に沿《そ》って二《ふた》つの例《れい》を取《と》り上《あ》げることを示《しめ》す	一《ひと》つめの例《れい》	二《ふた》つめの例《れい》	二《ふた》つ説明《せつめい》して思《おも》ったことや共通点《きょうつうてん》など

【パターン②】観点《かんてん》に沿《そ》って、例《れい》を一《ひと》つ挙《あ》げて二《ふた》つの説明《せつめい》をする。

はじめ	なか1	なか2	おわり（まとめ）
観点《かんてん》に沿《そ》って取《と》り上《あ》げる例《れい》を一《ひと》つ示《しめ》す	一《ひと》つめの説明《せつめい》	二《ふた》つめの説明《せつめい》	二《ふた》つ説明《せつめい》して思《おも》ったことや共通点《きょうつうてん》など

※向《む》いているテーマは、好《す》きな○○や、宝物《たからもの》やペットなどのしょうかい、生《い》きものの観察《かんさつ》など。

●「観点型《かんてんがた》」で読書感想文《どくしょかんそうぶん》も書《か》ける。

はじめ	なか1	なか2	おわり（まとめ）
どの本《ほん》を読《よ》んだか（読書《どくしょ》のきっかけや話《はなし》の要約《ようやく》）	心《こころ》に残《のこ》った主人公《しゅじんこう》のエピソード	主人公《しゅじんこう》のエピソードを読《よ》んで、思《おも》い出《だ》す自分《じぶん》の体験《たいけん》	主人公《しゅじんこう》と自分《じぶん》のちがい、主人公《しゅじんこう》の行動《こうどう》からの学《まな》びなど

第《だい》4章《しょう》

A《エー》とB《ビー》のどちらがよいか意《い》見《けん》を書《か》こう

（説《せつ》明《めい》的《てき》作《さく》文《ぶん》・比《ひ》較《かく》型《がた》）

えーっ！明日《あした》までの宿題《しゅくだい》が山積《やまづ》み!?
今日《きょう》は心《こころ》をオニにして宿題《しゅくだい》が終《お》わるまでかんとくするぞ！
そんな……！
のび太《た》！野球《やきゅう》の特訓《とっくん》をするぞ！
今《いま》、宿題《しゅくだい》でそれどころじゃないんだ。
いっしょに遊《あそ》びましょ。
あいにくだけど宿題《しゅくだい》がいっぱいで…
勝手《かって》に断《ことわ》るなんて…
クーッ!! ドラえもん、うらむぞ。

おやっ。
岩元《いわもと》先生《せんせい》！
のび太《た》くんとドラえもんくんに用事《ようじ》があって来《き》たんだけど、みんなおそろいだね！
あいにくですけど、のび太《た》くんは宿題《しゅくだい》が山積《やまづ》みで…
それはじゃましちゃ悪《わる》いね！
ドラやきを試作《しさく》したから、味見《あじみ》してもらおうと思《おも》ったんだけど…
!!
……というわけなんだ。
おれたちさそってもらったぜ！
ほんとにドラやきに弱《よわ》いなぁ。

これが試作《しさく》したドラやきだよ!
うわぁ、おいしそう!!
A
B
二種類《にしゅるい》作《つく》ったから、感想《かんそう》を聞《き》かせてね。
いただきまーす!
どっちもおいしい!
B《ビー》にはバタークリームが使《つか》われているわね。
ドラえもんくんはどうかな?
どちらもとってもおいしいけど…
ぼくはA《エー》がよいと思《おも》います!

B《ビー》のドラやきはあんといっしょにバタークリームがはさまれており、バターの塩気《しおけ》とあんの相性《あいしょう》がばつぐんで、子《こ》どもも大好《だいす》きな味《あじ》に仕上《しあ》がっている。しかしながら、バターのこってり感《かん》が強《つよ》く、すぐにあきがきてしまう。したがって、A《エー》の皮《かわ》とあんだけのシンプルなドラやきの方《ほう》が、多《おお》くの人《ひと》に親《した》しまれ、長《なが》く愛《あい》される味《あじ》だと思《おも》う。
ペラ
ペラ
いけない、ついしゃべりすぎちゃった。
すばらしい!!
今《いま》の解説《かいせつ》は、まさに「説明的作文《せつめいてきさくぶん》・比較型《ひかくがた》」のお手本《てほん》のようだ!!
「比較型《ひかくがた》」？

A《エー》
B《ビー》
そう！さっきのドラやきの解説《かいせつ》のように「A《エー》とB《ビー》のどちらがよいか」というテーマの作文《さくぶん》を書《か》くときにぴったりな型《かた》だよ！

「エビのどっちがよい」？

エビフライの頭《あたま》としっぽ、どっちから食《た》べるかって話《はなし》かな？

エビじゃなくてアルファベットの「A《エー》」「B《ビー》」だよ！

せっかくだから、「比較型《ひかくがた》」について先生《せんせい》に教《おし》えてもらおう！

「説明的作文《せつめいてきさくぶん》・比較型《ひかくがた》」とは、二《ふた》つのうちどちらがよいか、自分《じぶん》の考《かんが》えや意見《いけん》を述《の》べるときに使《つか》う型《かた》だよ。

「小論文風《しょうろんぶんふう》作文《さくぶん》」ともいうんだ。

四段落構成《よんだんらくこうせい》では、このようなしくみになるんだ。
はじめ
問題提起《もんだいていき》（A《エー》とB《ビー》のどちらがよいか考《かんが》える。）
なか1
意見《いけん》1（たしかにA《エー》もよい。たとえば〜である。）
なか2
意見《いけん》2（しかし、わたしはB《ビー》がよいと考《かんが》える。なぜなら〜だからである。）
おわり（まとめ）
結論《けつろん》（このように考《かんが》えた結果《けっか》、わたしはB《ビー》がよいと考《かんが》える。）
この「比較型《ひかくがた》」が「時系列型《じけいれつがた》」や「観点型《かんてんがた》」と大《おお》きく異《こと》なるのは、自分《じぶん》の考《かんが》えや意見《いけん》に納得《なっとく》してもらう必要《ひつよう》があるということだよ！
A>B
読《よ》んだ人《ひと》に納得《なっとく》してもらうには、「なか1」「なか2」できちんと自分《じぶん》の意見《いけん》を伝《つた》えられるかどうかが大事《だいじ》なんだ。
力《ちから》ずくで相手《あいて》をねじふせるだれかさんにとくに覚《おぼ》えてほしいな。
だれのことだ？
まずは、例文《れいぶん》を読《よ》んでみよう！

鉛筆《えんぴつ》やペンを使《つか》って書《か》くほうがよい

五年《ごねん》　M《エム》

はじめ

最近《さいきん》、パソコンや携帯電話《けいたいでんわ》を使《つか》ってメールをすることが増《ふ》え、鉛筆《えんぴつ》やペンを使《つか》う機会《きかい》が減《へ》ってきている。果《は》たして、Ⓐ「パソコンや携帯電話《けいたいでんわ》を使《つか》ってメールをすること」とⒷ「鉛筆《えんぴつ》やペンを使《つか》って文章《ぶんしょう》を書《か》くこと」は、どちらがよいことだろうか。

①A《エー》かB《ビー》のどちらがよいか問題提起《もんだいていき》をする。

なか1

Ⓐたしかに、パソコンや携帯電話《けいたいでんわ》は便利《べんり》である。ペンで書《か》くと修正《しゅうせい》がきかない。仮《かり》に修正《しゅうせい》テープや修正《しゅうせい》ペンがあったとしても、手紙《てがみ》で使《つか》うのは失礼《しつれい》だろう。もし私《わたし》がもらったとしても、うれしくは思《おも》わない。パソコンだとすぐに消《け》せるし、行《ぎょう》の入《い》れかえも可能《かのう》だ。また、字《じ》がきたないと読《よ》みづらい。鉛筆《えんぴつ》やペンで書《か》くときは、きれいな字《じ》を意識《いしき》して書《か》くしかないが、パソコンや携帯電話《けいたいでんわ》だとほとんどの人《ひと》が読《よ》めるきれいな字《じ》になる。すると自分《じぶん》も相手《あいて》も読《よ》みやすい。

②まずは、反対《はんたい》しているほう(A《エー》)のよさについて書《か》く。

なか2

Ⓑしかし、私《わたし》は鉛筆《えんぴつ》やペンを使《つか》って文章《ぶんしょう》を書《か》くことに賛成《さんせい》だ。なぜなら、漢字《かんじ》が覚《おぼ》えやすいからだ。パソコンや携帯電話《けいたいでんわ》だと漢字変《かんじへん》かんにたよるので、なかなか漢字《かんじ》が覚《おぼ》えられない。私《わたし》もふだん、パソコンや携帯電話《けいたいでんわ》を使《つか》うが、漢字《かんじ》が覚《おぼ》えられなくてすぐ忘《わす》れる。これは勉強《べんきょう》の際《さい》、とても不便《ふべん》だろう。また、鉛筆《えんぴつ》やペンを使《つか》うほうがその人《ひと》の個性《こせい》が字《じ》に表《あらわ》れる。ていねいさがより伝《つた》わり、もらってうれしい。自分《じぶん》が相手《あいて》に手紙《てがみ》を書《か》くとき、きんちょうして字《じ》を書《か》くことができる。そうすると、自然《しぜん》ときれいな字《じ》になり、こころよくもらったり、こころよくわたしたりすることができる。これは、鉛筆《えんぴつ》やペンならではのメリットだろう。

③次《つぎ》に、賛成《さんせい》しているほう(B《ビー》)のよさについて書《か》く。

おわり

以上《いじょう》、「パソコンや携帯電話《けいたいでんわ》でメールをすること」と「鉛筆《えんぴつ》やペンで文章《ぶんしょう》を書《か》くこと」のどちらがよいか検討《けんとう》した。その結果《けっか》、鉛筆《えんぴつ》やペンで書《か》くほうがよいと考《かんが》える。

④A《エー》よりもB《ビー》のほうがよいと、ずばり結論《けつろん》を書《か》く。

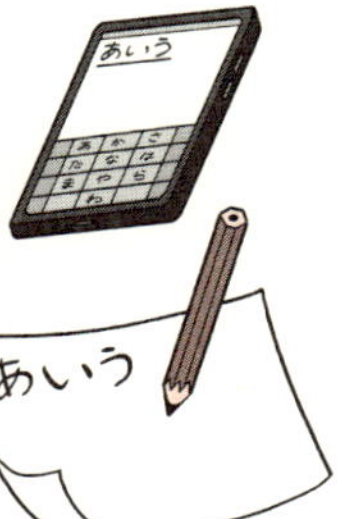

「説明的作文《せつめいてきさくぶん》・比較型《ひかくがた》」で使《つか》われる言《い》い回《まわ》しの例《れい》

・**同意《どうい》**

たしかに、〜である…………まずは反対《はんたい》しているほうのよさを述《の》べる。（頭《あたま》ごなしに反対《はんたい》するだけでは、相手《あいて》は聞《き》く耳《みみ》をもってくれない）

・**逆接《ぎゃくせつ》**

しかし、〜と考《かんが》える…………次《つぎ》に、自分《じぶん》がよいと思《おも》うほうを取《と》り上《あ》げる。

・**理由《りゆう》**

なぜなら、〜だからである…その理由《りゆう》を述《の》べる。

・**結論《けつろん》**

したがって、〜である………あらためて、自分《じぶん》の意見《いけん》をずばり述《の》べる。

なるほど！じゃあこの言《い》い回《まわ》しを覚《おぼ》えられたら「比較型《ひかくがた》」はクリアだね！

かんじんな部分《ぶぶん》がまだだよ。

自分《じぶん》の意見《いけん》を納得《なっとく》してもらうには、言《い》い回《まわ》しだけじゃなくて「根拠《こんきょ》」が必要《ひつよう》なんだ。

自分《じぶん》の意見《いけん》に説得力《せっとくりょく》をもたせるポイントが二《ふた》つあるよ。

一《ひと》つ目《め》は、具体的《ぐたいてき》な例《れい》を挙《あ》げること！

ていねい
実際《じっさい》のモノやコト、場面《ばめん》などを挙《あ》げると、相手《あいて》がよくイメージできるから納得《なっとく》してもらいやすくなるよ！

具体例《ぐたいれい》を挙《あ》げるときは、「たとえば～」という言《い》い回《まわ》しを使《つか》うよ。

ドラちゃんの感想《かんそう》も「バターのこってり感《かん》であきがくる」という具体例《ぐたいれい》を挙《あ》げていたわ。

たしかに、A《エー》のドラやきがB《ビー》よりもよいという説得力《せっとくりょく》が出《で》るね！

二《ふた》つ目《め》のポイントは「引用《いんよう》」だよ。

「引用《いんよう》」とは、本《ほん》や資料《しりょう》など他《ほか》のだれかが書《か》いた文章《ぶんしょう》を自分《じぶん》の文章《ぶんしょう》のなかでしょうかいして、自分《じぶん》の意見《いけん》に説得力《せっとくりょく》をもたせることだよ。

資料
専門家《せんもんか》など、自分《じぶん》より立場《たちば》が上《うえ》の人《ひと》の考《かんが》えを「引用《いんよう》」することで、相手《あいて》がより納得《なっとく》しやすくなるんだ！

人《ひと》が書《か》いた文章《ぶんしょう》を自分《じぶん》が書《か》いたってことにすればいいのか？

それは犯罪《はんざい》だよ！

「引用《いんよう》」するときはルールがあるよ。必《かなら》ず身《み》につけよう。
・本《ほん》や資料《しりょう》のタイトルや、著者《ちょしゃ》などを示《しめ》す。
・かぎ（「」）をつけて、自分《じぶん》の言葉《ことば》と区別《くべつ》する。
・もとの文章《ぶんしょう》をそのまま書《か》く。
実際《じっさい》に「引用《いんよう》」を用《もち》いた例文《れいぶん》を読《よ》んでみよう。

次《つぎ》の作文《さくぶん》は、教科書《きょうかしょ》でおなじみの『ごんぎつね』について述《の》べたものだよ。『ごんぎつね』は、新美南吉《にいみなんきち》という作家《さっか》が書《か》いたものを、鈴木三重吉《すずきみえきち》という人《ひと》が読《よ》みやすいように編集《へんしゅう》したものなんだ。それが『赤《あか》い鳥《とり》』版《ばん》だよ。
編集前後《へんしゅうぜんご》の文章《ぶんしょう》を比《くら》べたこの作文《さくぶん》で、二重線《にじゅうせん》の部分《ぶぶん》が南吉版《なんきちばん》の引用《いんよう》だよ。

南吉版《なんきちばん》の気持《きも》ちの表《あらわ》し方《かた》

四年《よねん》　T《ティー》

はじめ

南吉《なんきち》の書《か》いた『ごんぎつね』を学習《がくしゅう》した。赤《あか》い鳥版《とりばん》と南吉版《なんきちばん》のどちらがすばらしいか考《かんが》える。

なか1

たしかに、赤《あか》い鳥版《とりばん》もすばらしい。それは、文章《ぶんしょう》の意味《いみ》や漢字《かんじ》をかんたんにしていて、私《わたし》たちに読《よ》みやすいように書《か》かれているからだ。

なか2

しかし、私《わたし》は南吉版《なんきちばん》の方《ほう》がすばらしいと考《かんが》える。なぜなら、「おや――。」や「変《へん》だな――。」のように、最後《さいご》にぼう線《せん》をつけて、読者《どくしゃ》に、その線《せん》だけで気持《きも》ちを伝《つた》えているからだ。読者《どくしゃ》が想像《そうぞう》しながら読《よ》むように工夫《くふう》されている。さらに、「秋《あき》のぬくたい日光《にっこう》にさらされて、白《しろ》く光《ひか》っていました。」や、「こおろぎが、ころろ、ころろと、洞穴《どうけつ》の入口《いりぐち》で時々鳴《ときどきな》きました。」のように、様子《ようす》をくわしく表現《ひょうげん》しているからだ。ここでは、読者《どくしゃ》にまるで本当《ほんとう》に目《め》で見《み》て、耳《みみ》で聞《き》こえているかのように、伝《つた》えている。

おわり

このように考《かんが》えた結果《けっか》、私《わたし》は南吉版《なんきちばん》の方《ほう》がすばらしいと考《かんが》えた。

このように、「引用《いんよう》」を使《つか》いこなすことができれば、自分《じぶん》の意見《いけん》によりいっそう説得力《せっとくりょく》をもたせることができるんだ！

ぼくは「比較型《ひかくがた》」の作文《さくぶん》を書《か》くなら、「料理《りょうり》はフレンチかイタリアンのどっちが好《す》きか」だね。

おれは「シチューのかくし味《あじ》に入《い》れるなら、大福《だいふく》と干《ほ》し柿《がき》のどっちがよいか」だな！

ウッ!! 想像《そうぞう》しただけで気分《きぶん》が…

他《ほか》にも「説明的作文《せつめいてきさくぶん》・比較型《ひかくがた》」では、こんなテーマで書《か》いてみるとおもしろいよ！
・給食《きゅうしょく》と弁当《べんとう》のどちらがよいか
・うどんとそばのどちらが好《す》きか
・体育《たいいく》の授業《じゅぎょう》の場所《ばしょ》は運動場《うんどうじょう》がいいか、それとも体育館《たいいくかん》がいいか
それじゃあ、「比較型《ひかくがた》」の書《か》き方《かた》について、さらにくわしく解説《かいせつ》していこう！

説明的《せつめいてき》作文《さくぶん》・比較型《ひかくがた》の書《か》き方《かた》ガイド

テーマ「給食《きゅうしょく》がよいか、弁当《べんとう》がよいか」

学校《がっこう》での昼食《ちゅうしょく》は給食《きゅうしょく》がよいか、それとも弁当《べんとう》がよいか、自分《じぶん》の意見《いけん》や考《かんが》えを述《の》べましょう。

※以下《いか》の行数《ぎょうすう》は、作文用紙《さくぶんようし》が20行《ぎょう》の場合《ばあい》の目安《めやす》です。それより多《おお》かったり少《すく》なかったりする場合《ばあい》には、割合《わりあい》のほうを参考《さんこう》にしてください。

①はじめ…学校《がっこう》の昼食《ちゅうしょく》は給食《きゅうしょく》がよいか、それとも弁当《べんとう》がよいか、問題提起《もんだいていき》します。

【3行程度《ぎょうていど》（全体《ぜんたい》の15％程度《ていど》の割合《わりあい》）】

(例《れい》)学校《がっこう》での給食《きゅうしょく》について、給食《きゅうしょく》がよいか、弁当《べんとう》がよいかで意見《いけん》が分《わ》かれています。どちらがよいか、考《かんが》えます。

②なか1…まずは、反対《はんたい》しているほうのよさについて書《か》きます。

【6～8行程度《ぎょうていど》（全体《ぜんたい》の30～40％程度《ていど》の割合《わりあい》）】

(例《れい》)たしかに、弁当《べんとう》のよさもあります。弁当《べんとう》なら、自分《じぶん》が食《た》べたいものが食《た》べられます。わたしは野菜《やさい》が苦手《にがて》です。

③なか2…次《つぎ》に、賛成《さんせい》しているほうのよさについて書《か》きます。
【6～8行程度《ぎょうていど》(全体《ぜんたい》の30～40%程度《ていど》の割合《わりあい》)】
(例《れい》)しかし、わたしは給食《きゅうしょく》のほうがよいと考《かんが》えます。
なぜなら、給食《きゅうしょく》は栄養士《えいようし》さんがカロリーや
糖分《とうぶん》などを計算《けいさん》して、
必要《ひつよう》な栄養《えいよう》がとれるからです。

④おわり…「なか1」「なか2」の意見《いけん》を要約《ようやく》し、
どちらに賛成《さんせい》するのか
結論《けつろん》をずばり書《か》きます。
【3行程度《ぎょうていど》(全体《ぜんたい》の15%程度《ていど》の割合《わりあい》)】
(例《れい》)このように、しっかりと栄養《えいよう》がとれ、
食《た》べずぎらいを直《なお》してくれる
給食《きゅうしょく》のほうがよいと考《かんが》えます。

最後《さいご》に、「おわり(まとめ)」の
なかの言葉《ことば》を使《つか》って
タイトルを書《か》きましょう。

※この型《かた》は樋口裕一《ひぐちゆういち》氏《し》の「小論文筆記法《しょうろんぶんひっきほう》」を参考《さんこう》にしています。

各段落《かくだんらく》の文章量《ぶんしょうりょう》の割合《わりあい》

はじめ	なか1	なか2	おわり(まとめ)
15%	30～40%	30～40%	15%

※なか1、なか2を書《か》くときは、「具体例《ぐたいれい》」や「引用《いんよう》」を用《もち》いると説得力《せっとくりょく》が増《ま》す。

長《なが》く愛《あい》されているドラやき

ドラえもん

はじめ

最近《さいきん》のドラやきは、さまざまなアレンジが加《くわ》えられたものが売《う》られている。そのなかでも人気《にんき》のバタードラやきと、従来《じゅうらい》のドラやきとどちらがよいかを考《かんが》える。

なか１

たしかにバタードラやきもおいしい。あんといっしょにバタークリームがはさまれており、バターの塩気《しおけ》とあんとの相性《あいしょう》がばつぐんで、子《こ》どもにも大好《だいす》きな味《あじ》になっている。

なか２

しかし、ぼくは従来《じゅうらい》のドラやきのほうがよいと考《かんが》える。なぜなら、バタードラやきは、バターのこってり感《かん》が強《つよ》く、すぐにあきがきてしまう。いっぽうで従来《じゅうらい》のドラやきは、皮《かわ》とあんだけのシンプルな味《あじ》わいだが、それだけに多《おお》くの人《ひと》に長《なが》く愛《あい》されていると思《おも》う。

おわり

このように、あきがこないで長《なが》く愛《あい》されて続《つづ》けている従来《じゅうらい》のドラやきのほうが、ぼくはよいと考《かんが》える。

ドラやきに対《たい》するこだわりが伝《つた》わる、とてもよい作文《さくぶん》だよ!!
おかし作《づく》りにも、参考《さんこう》にさせてもらうよ!
ドラえもんはドラやきのことになると、生《い》き生《い》きするなぁ。
今日《きょう》はありがとう! またおかしの感想《かんそう》を聞《き》かせてね!
そのときはおれたちも呼《よ》んでくれよ!
楽《たの》しい一日《いちにち》だったね。
うん!
何《なに》か忘《わす》れているような……

あーっ!!宿題《しゅくだい》をやってない!!
ドラえもんのせいだ!
そもそも宿題《しゅくだい》をためこむのが悪《わる》い!
……そうだ!
宿題《しゅくだい》をするべきかしないべきか、という作文《さくぶん》を書《か》いて、先生《せんせい》を説得《せっとく》してみよう!
よーし、よい作文《さくぶん》を書《か》いて、許《ゆる》してもらうぞ!
努力《どりょく》の方向性《ほうこうせい》がまちがってるよ!

この章《しょう》のまとめ

作文《さくぶん》の「型《かた》」③　説明的作文《せつめいてきさくぶん》・比較型《ひかくがた》

●「A《エー》とB《ビー》のどちらがよいか」というテーマの作文《さくぶん》を書《か》く。

はじめ	なか1	なか2	おわり（まとめ）
問題提起《もんだいていき》（A《エー》とB《ビー》のどちらがよいのか）	意見《いけん》1（まずは反対《はんたい》しているほうのよさを述《の》べる）	意見《いけん》2（次《つぎ》に本当《ほんとう》によいと思《おも》っているほうのよさを述《の》べる）	結論《けつろん》（あらためて、自分《じぶん》の意見《いけん》をずばり述《の》べる）

※「給食《きゅうしょく》と弁当《べんとう》のどちらがよいか」「うどんとそばのどちらが好《す》きか」など、意見《いけん》が分《わ》かれそうなテーマがおもしろい。

●覚《おぼ》えておきたい言《い》い回《まわ》し

①たしかに、〜である。
→反対《はんたい》しているほうのよさも示《しめ》す。（同意《どうい》）

②しかし、〜と考《かんが》える。
→そのうえで自分《じぶん》がよいと思《おも》うほうを取《と》り上《あ》げる。（逆接《ぎゃくせつ》）

③なぜなら、〜だからである。
→なぜよいと思《おも》うのか考《かんが》えを述《の》べる。（理由《りゆう》）

④したがって、〜である。
→あらためて、自分《じぶん》の意見《いけん》をまとめる。（結論《けつろん》）

●説得力《せっとくりょく》を上《あ》げるコツ

①具体例《ぐたいれい》
→実際《じっさい》のモノやコト、場面《ばめん》などを挙《あ》げながら自分《じぶん》の意見《いけん》を述《の》べる。

②引用《いんよう》
→本《ほん》や資料《しりょう》など、他《ほか》のだれかが書《か》いた文章《ぶんしょう》をしょうかいする。

第《だい》5章《しょう》

ドラマチックにできごとを伝《つた》えよう

（物語《ものがたり》風《ふう》作《さく》文《ぶん》）

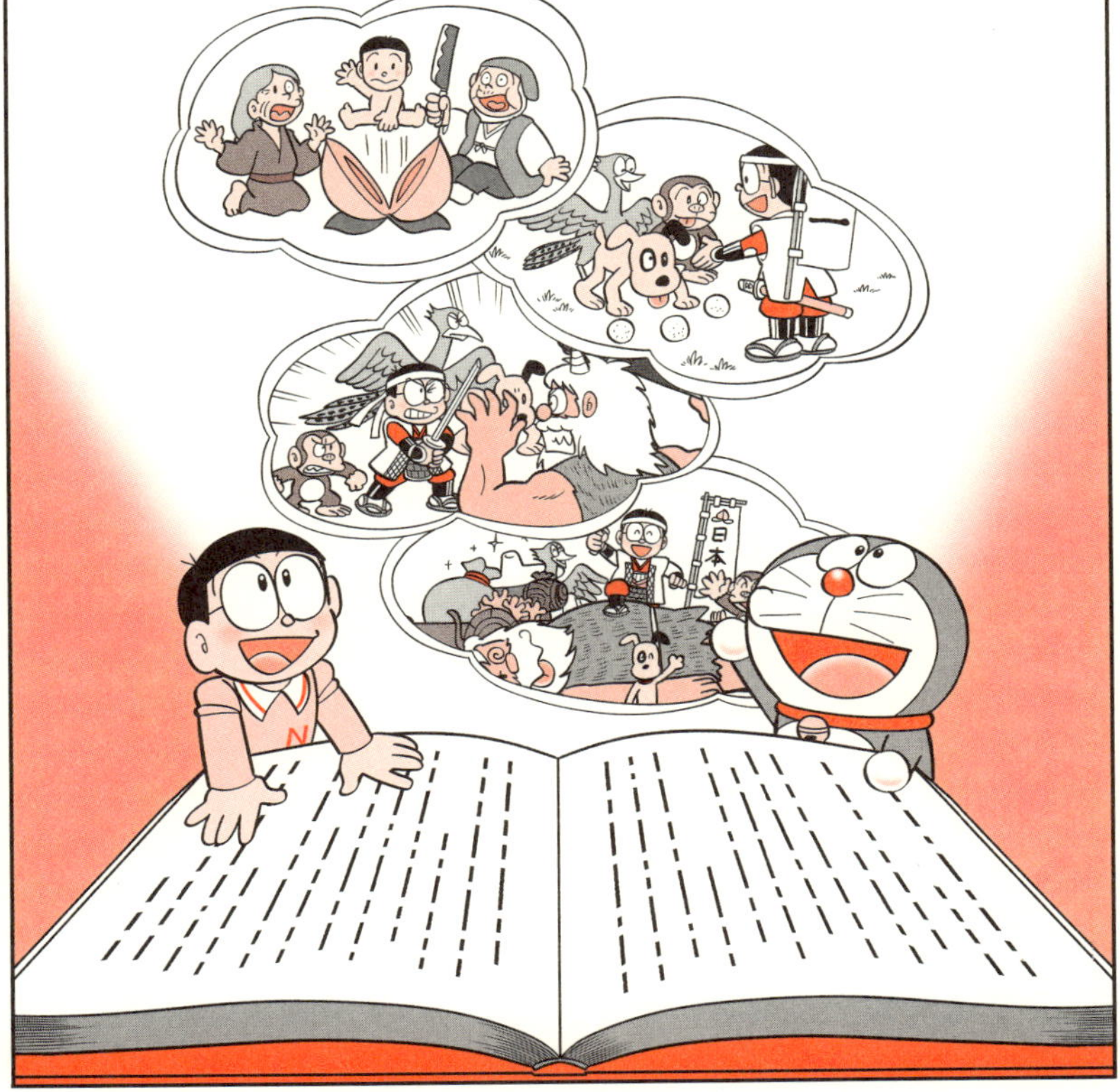

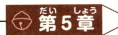

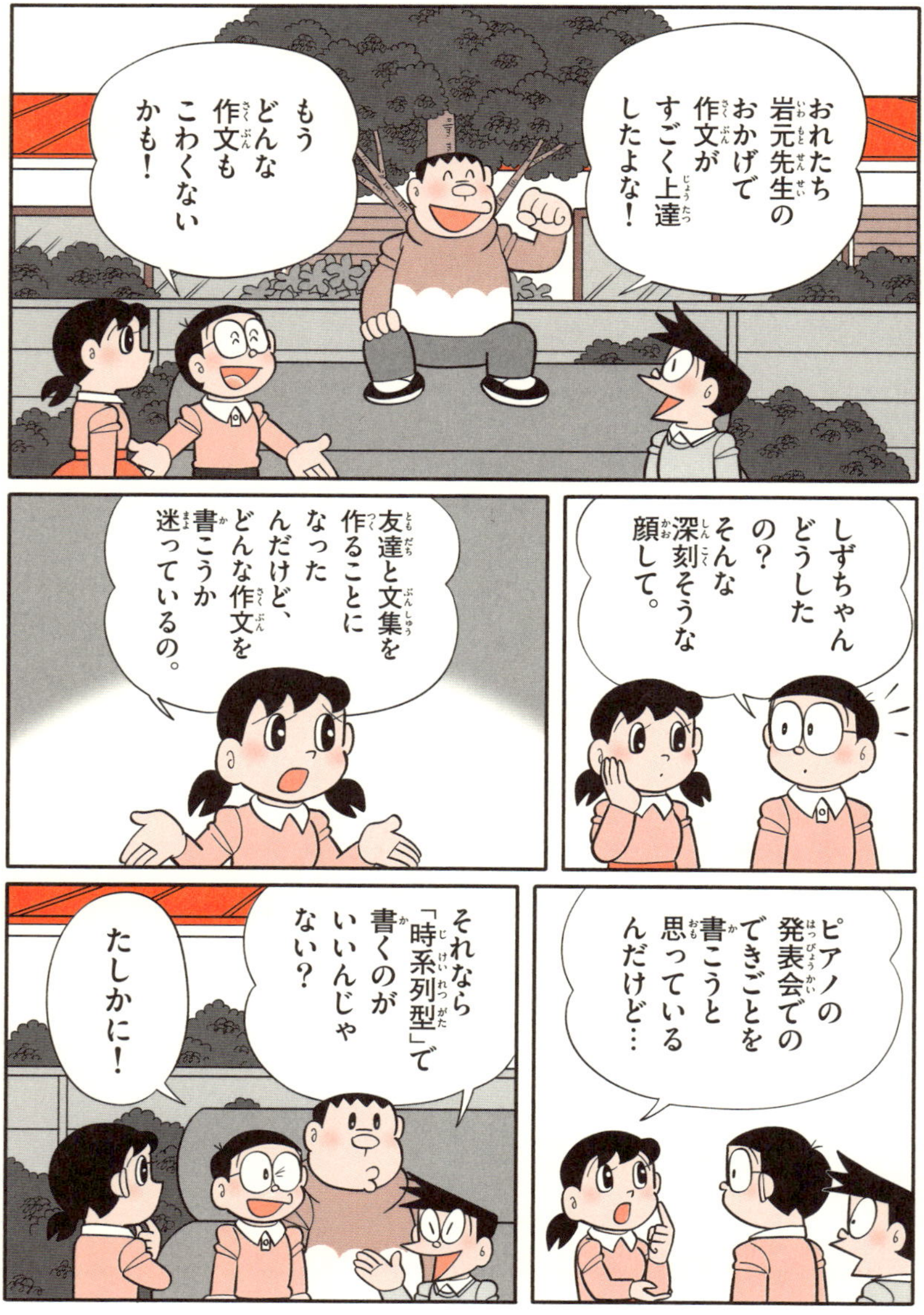
おれたち岩元《いわもと》先生《せんせい》のおかげで作文《さくぶん》がすごく上達《じょうたつ》したよな!
もうどんな作文《さくぶん》もこわくないかも!
しずちゃんどうしたの?そんな深刻《しんこく》そうな顔《かお》して。
友達《ともだち》と文集《ぶんしゅう》を作《つく》ることになったんだけど、どんな作文《さくぶん》を書《か》こうか迷《まよ》っているの。
ピアノの発表会《はっぴょうかい》でのできごとを書《か》こうと思《おも》っているんだけど…
それなら「時系列型《じけいれつがた》」で書《か》くのがいいんじゃない?
たしかに!

「説明的作文《せつめいてきさくぶん》・時系列型《じけいれつがた》」では、自分《じぶん》がしたことを順《じゅん》を追《お》って書《か》いていくんだよね。
先週《せんしゅう》の日曜日《にちようび》の午後《ごご》、ピアノの発表会《はっぴょうかい》があった。まず、「○○」という曲《きょく》を演奏《えんそう》して～
説明的《せつめいてき》な書《か》き方《かた》ではなくて、もっとドラマチックに書《か》けないかしら…
ドラムスティック?
「ドラマチック」だよ。物語《ものがたり》みたいってこと。
それなら、まさにぴったりの「型《かた》」があるよ!
岩元先生《いわもとせんせい》!…と、ドラえもん!
このあいだの「かべ紙《がみ》ハウス」にいたんだ!

キッチンを借《か》りておかしを作《つく》らせてもらっていたんだ!
ぼくは味見《あじみ》担当《たんとう》。
ずるいぞ!一人《ひとり》だけ!!
みんなの分《ぶん》もあるよ…
いただきまーす!
ところでさっきの作文《さくぶん》の話《はなし》だけど、しずかちゃんにぜひ覚《おぼ》えてほしい型《かた》があるよ。
作文《さくぶん》の型《かた》の四《よっ》つ目《め》は、「物語《ものがたり》風《ふう》作文《さくぶん》」だ!
物語《ものがたり》風《ふう》?

「物語風作文《ものがたりふうさくぶん》」とは、文字《もじ》どおり物語《ものがたり》のように書《か》く作文《さくぶん》のことだよ。
運動会《うんどうかい》や体験学習《たいけんがくしゅう》などの学校行事《がっこうぎょうじ》、旅行《りょこう》や忘《わす》れられないできごとなどをドラマチックに書《か》くことができるんだ!
「物語風作文《ものがたりふうさくぶん》」では、四段落構成《よんだんらくこうせい》に「起承転結《きしょうてんけつ》」を使《つか》うよ。

はじめ→「起《き》」	話《はなし》のはじまり
なか1→「承《しょう》」	話《はなし》の続《つづ》き
なか2→「転《てん》」	変化《へんか》・山場《やまば》
おわり→「結《けつ》」	話《はなし》のおわり

起承転結《きしょうてんけつ》?どこかで聞《き》いたことあるような…
のび太《た》くんの大好《だいす》きなアレにも大《おお》きく関《かか》わっているよ!

わかった！「まんが」だ！
たしかまんがには「起承転結《きしょうてんけつ》」が使《つか》われているって本《ほん》に書《か》いてあったよ。
それで、そのおまじないみたいな言葉《ことば》はなんだ？
まんがなどのストーリーを組《く》み立《た》てるときの考《かん》え方《かた》で、この構成《こうせい》にすれば物語《ものがたり》をわかりやすく、おもしろく伝《つた》えることができるよ。
起《き》
【話《はなし》のはじまり】
物語《ものがたり》の設定《せってい》、主人公《しゅじんこう》の登場《とうじょう》など
承《しょう》
【話《はなし》の続《つづ》き】
物語《ものがたり》の展開《てんかい》、主人公《しゅじんこう》の変化《へんか》など
転《てん》
【変化《へんか》・山場《やまば》】
物語《ものがたり》のクライマックス、大《おお》きな事件《じけん》など
結《けつ》
【話《はなし》のおわり】
物語《ものがたり》の結末《けつまつ》、事件解決後《じけんかいけつご》のようすなど
本一
日本一
まんがでも作文《さくぶん》でも、おもしろく読《よ》ませるために「起承転結《きしょうてんけつ》」が大事《だいじ》なんだよ。
次《つぎ》の例文《れいぶん》を読《よ》んでみよう！

五位《ごい》でゴール

二年《にねん》　S《エス》

起《き》

「がんばれー。」

とみんなが言《い》っている。ぼくは、

「ようし、がんばるぞ。」

と思《おも》った。先生《せんせい》が「ようい。」と言《い》った。ドン。ぼくは、おもいっきり走《はし》った。スタートはおくれず走《はし》ることができた。

承《しょう》

　とちゅうからおくれてきた。六位《ろくい》になってしまった。おいつこうとしても、どうしてもおいつけない。ぼくはあきらめた。

「お母《かあ》さん、お父《とう》さん、ごめんなさい。」

とぼくは思《おも》った。

転《てん》

　そのとき、五位《ごい》だった子《こ》がころんだ。くつがぬげた。ぼくは、そのすきにおいぬかそうと思《おも》って、おもいっきり走《はし》った。五位《ごい》になった。ちらっと後《うし》ろを見《み》た。ころんだ子《こ》が泣《な》きながら、立《た》とうとしている。

結《けつ》

　ぼくがゴールについたとき、ころんだ子《こ》が、もう少《すこ》しでゴールにつこうとしていた。かわいそうに思《おも》った。ころんだ子《こ》がゴールについたとき、ぼくは、言《い》った。

「よくがんばったね。」

この作文《さくぶん》の「起承転結《きしょうてんけつ》」はこのようになっているよ。
起《き》
短《たん》きょり走《そう》がスタートする。
まず、読者《どくしゃ》を物語《ものがたり》の世界《せかい》に引《ひ》きこみ…
承《しょう》
おくれてしまい、六位《ろくい》になる。あきらめかける。
転《てん》
!
前《まえ》の五位《ごい》の子《こ》が転《ころ》んだ。追《お》いぬかして五位《ごい》になった。
「承《しょう》」で物語《ものがたり》の方向性《ほうこうせい》を示《しめ》し、「転《てん》」であえてひっくり返《かえ》してさらに読者《どくしゃ》の心《こころ》をつかむ。
結《けつ》
五位《ごい》でゴールした。転《ころ》んだ子《こ》に声《こえ》をかけてあげた。
読者《どくしゃ》の共感《きょうかん》をさそうおわり方《かた》で、物語《ものがたり》の世界《せかい》からはなさない。

これまでの三《みっ》つの型《かた》と決定的《けっていてき》にちがう部分《ぶぶん》は、「はじめ」の部分《ぶぶん》にあたる「起《き》」だよ！
説明的作文《せつめいてきさくぶん》のように「はじめ」で結論《けつろん》を先《さき》に言《い》わず、読者《どくしゃ》を物語《ものがたり》に引《ひ》きこむような書《か》き出《だ》しにするんだ！

たしかに、いきなりセリフから始《はじ》まると、これから何《なに》が起《お》きるんだろうってワクワクするわ！
まさに、そのワクワク感《かん》が大事《だいじ》なんだ！
「物語《ものがたり》風《ふう》作文《さくぶん》」で覚《おぼ》えておきたい書《か》き出《だ》しの例《れい》だよ。
①セリフ(思《おも》い)から書《か》き出《だ》す
(例《れい》)「助《たす》けて！」とさけんだ。
②時《とき》から書《か》き出《だ》す
(例《れい》)あれは、わたしが○○歳《さい》のときだった。
③行動《こうどう》から書《か》き出《だ》す
(例《れい》)A《エー》さんが泣《な》いていた。
④場所《ばしょ》から書《か》き出《だ》す
(例《れい》)それは、○○で起《お》きたことだった。
⑤時《とき》と場所《ばしょ》から書《か》き出《だ》す
(例《れい》)○時《じ》○分《ふん》、○○で起《お》きたことだった。
「あれは、ぼくが学校《がっこう》をちこくしたときのことだった。」こんな感《かん》じかな？
その後《あと》は先生《せんせい》におこられるだけでしょ。
これらの書《か》き出《だ》しの例《れい》を使《つか》った、もう一《ひと》つの例文《れいぶん》を読《よ》んでみよう！

「良《よ》かったぁ。」そう思《おも》えた瞬間《しゅんかん》

四年《よねん》　M《エム》

起《き》

心《こころ》に残《のこ》っている一瞬《いっしゅん》のできごとを書《か》く。その思《おも》い出《で》は、文化《ぶんか》フェスティバルで、自分《じぶん》のせりふを言《い》うときのことだった。

承《しょう》

『やまなし』の最後《さいご》から三番目《さんばんめ》の文《ぶん》だ。言《い》う前《まえ》、私《わたし》はとてもドキドキしていた。とまどったらどうしよう。そんな心配事《しんぱいごと》ばかり考《かんが》えていた。それは、みんなすわっていて、ただ一人《ひとり》立《た》って言《い》うからだ。なんだか、スケートの試合《しあい》のシーンとした一瞬《いっしゅん》のときのような緊張《きんちょう》が生《う》まれてきた。

転《てん》

「つぶつぶ泡《あわ》がながれていきます。」とT《ティー》さん。次《つぎ》が私《わたし》だった。体《からだ》から出《で》てくるほど心《しん》ぞうがドクドクした。みんなはすわり、私《わたし》が立《た》った。

「かにの子《こ》どもらも、ぽっぽっぽっと続《つづ》けて、五《ご》、六粒《ろくつぶ》泡《あわ》を吐《は》きました。」

なんとかきれいに言《い》えた。ふー。思《おも》わず静《しず》かに出《で》る小《ちい》さなため息《いき》。やっと、息《いき》ができるようになった気分《きぶん》がした。

結《けつ》

この今年《ことし》の文化《ぶんか》フェスティバルは最高《さいこう》だった。思《おも》い出《だ》すと、今《いま》でも「良《よ》かったぁ。」という気持《きも》ちになるときがある。

この作文《さくぶん》では、「〜〜のときだった。」で書《か》き始《はじ》めているね。
物語風《ものがたりふう》にすることで、ドキドキ感《かん》もよりいっそう伝《つた》わるわね！

まんがや小説《しょうせつ》は最後《さいご》の「オチ」が重要《じゅうよう》だけど…
物語風《ものがたりふう》作文《さくぶん》の「結《けつ》」も、これまでの三《みっ》つの型《かた》とはちがう感《かん》じだよね。

スネ夫《お》くん、よく気《き》がついたね！「物語風《ものがたりふう》作文《さくぶん》」は、「結《けつ》」のおわり方《かた》にも特《とく》ちょうがあるよ！

「物語風《ものがたりふう》作文《さくぶん》」で覚《おぼ》えておきたいおわり方《かた》の例《れい》だよ。
それぞれのおわり方《かた》で、読《よ》んだ後《あと》にどんな気持《きも》ちになるか想像《そうぞう》してみよう。

①そのとき見《み》えていたまわりのようすや風景《ふうけい》

（例《れい》）空《そら》を見上《みあ》げると、飛行機雲《ひこうきぐも》が二本《にほん》のびていた。

②そのとき見《み》えていただれかの行動《こうどう》

（例《れい》）Aくん《エー》は、すごい速《はや》さで二番出口《にばんでぐち》へ走《はし》っていった。

③聞《き》こえてきただれかの言葉《ことば》

（例《れい》）A《エー》くんは言《い》った。「また会《あ》おうね。」

④そのときの自分《じぶん》の行動《こうどう》

（例《れい》）わたしはA《エー》くんの後《うし》ろ姿《すがた》をだまって見《み》ていた。

⑤自分《じぶん》が話《はな》した言葉《ことば》や思《おも》ったこと

（例《れい》）わたしは言《い》った。「絶対《ぜったい》に約束《やくそく》だよ！」

おわり方《かた》が印象的《いんしょうてき》な例文《れいぶん》をもう一《ひと》つ読《よ》んでみよう。

思《おも》わず涙《なみだ》もれる山田先生《やまだせんせい》

四年《よねん》　M《エム》

起《き》

「どうぞ、教室《きょうしつ》の前《まえ》の方《ほう》でごらんください。」

と、岩下先生《いわしたせんせい》が言《い》った。山田先生《やまだせんせい》がホワイトボードの前《まえ》に立《た》たれた。

承《しょう》

「ぼくらはぁ、小《ちい》さな小石《こいし》だけど――。」

歌《うた》が始《はじ》まった。岩下先生《いわしたせんせい》は指揮《しき》をしている。クラスのみんなは、いつもより、張《は》り切《き》っていた。山田先生《やまだせんせい》は、クラスの全員《ぜんいん》を見《み》わたしていた。

転《てん》

ふっと、山田先生《やまだせんせい》を見《み》ると、目《め》がきらきらきらきらと光《ひか》っていた。何《なん》だろう。歌《うた》いながら、じっと見《み》ていた。それは、涙《なみだ》。涙《なみだ》だった。雪解《ゆきど》け水《みず》のような涙《なみだ》は落《お》ちそうだ。それに対《たい》して、私《わたし》たちの歌《うた》は、ますますすばらしい歌《うた》となっていく。その先生《せんせい》の涙《なみだ》は、だんだんと、夕焼《ゆうや》けのような色《いろ》になったほおにぽろぽろ落《お》ちてきた。

結《けつ》

歌《うた》が終《お》わった。すばらしい。そんな表情《ひょうじょう》でこのクラスを見《み》つめる山田先生《やまだせんせい》。最後《さいご》には、

「すばらしかった。」

と涙《なみだ》をふきながら。

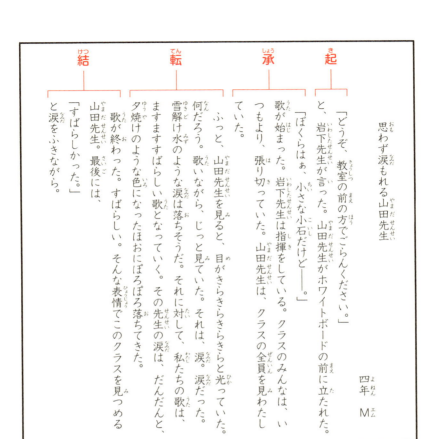

そう いえば、「説明的《せつめいてき》作文《さくぶん》」では「なか」二《ふた》つをまとめて「おわり」を書《か》いていたような……
物語風《ものがたりふう》作文《さくぶん》はまとめないのですか?
「物語風《ものがたりふう》作文《さくぶん》」では、「説明的《せつめいてき》作文《さくぶん》」のように、必《かなら》ずしもまとめる必要《ひつよう》はないよ。
まわりのようすを書《か》いたり、自分《じぶん》の思《おも》いを「」を使《つか》って書《か》いたりするんだ!
なか1
なか2
まとめ
そうすることで、読《よ》んだ後《あと》に味《あじ》わいが残《のこ》るから、読《よ》み手《て》はできごとを頭《あたま》で理解《りかい》するだけでなく、心《こころ》から共感《きょうかん》しやすくなるんだ。このことを「余韻《よいん》」というよ。
「~~。」

「物語風《ものがたりふう》作文《さくぶん》」について、わかったかな？
はい！とってもよくわかりました！
これならお友達《ともだち》の文集《ぶんしゅう》にぴったりの作文《さくぶん》が書《か》けそうだわ！
僕《ぼく》も文集《ぶんしゅう》に作文《さくぶん》を寄《よ》せてもいい？
えっ？
年中《ねんじゅう》ひるねしてるか、おこられてるだけなんだから、書《か》くことなんてないだろ。
そんなことないぞ！とっておきの話《はなし》があるんだから。
せっかくだから、みんなで書《か》き方《かた》ガイドに沿《そ》って書《か》いてみよう！

物語風《ものがたりふう》作文《さくぶん》の書《か》き方《かた》ガイド

テーマ「忘《わす》れられない思《おも》い出《で》」

これまでの経験《けいけん》を振《ふ》り返《かえ》り、忘《わす》れられないできごとを書《か》きましょう。
（すてきな思《おも》い出《で》、いやな思《おも》い出《で》、大成功《だいせいこう》、大失敗《だいしっぱい》など）

※以下《いか》の行数《ぎょうすう》は、作文用紙《さくぶんようし》が20行《ぎょう》の場合《ばあい》の目安《めやす》です。それより多《おお》かったり少《すく》なかったりする場合《ばあい》には、割合《わりあい》のほうを参考《さんこう》にしてください。

①はじめ→「起《き》」…できごとのはじまり。

次《つぎ》のア～オのように、登場人物《とうじょうじんぶつ》の会話《かいわ》や行動《こうどう》、時《とき》、場所《ばしょ》などから書《か》き始《はじ》めます。

【5行程度《ぎょうていど》（全体《ぜんたい》の25％程度《ていど》の割合《わりあい》）】

ア　会話《かいわ》……「○○！」とだれかが言《い》った。
イ　時《とき》……あれは、○○のときだった。
ウ　行動《こうどう》……○○が△△した。
エ　場所《ばしょ》……それは、○○で起《お》きたことだ。
オ　時《とき》と場所《ばしょ》……わたしが○○のとき、△△で起《お》きたことだ。

しずちゃんの作文《さくぶん》のテーマは、ピアノの発表会《はっぴょうかい》でのできごとだったよね。
今《いま》でも忘《わす》れられない大事《だいじ》な思《おも》い出《で》なのよ。

おれはやっぱり野球《やきゅう》の試合《しあい》で逆転《ぎゃくてん》サヨナラホームランを打《う》ったことだな。

②なか1→「承《しょう》」…そのできごとの続《つづ》き、話《はなし》の展開《てんかい》を書《か》きます。
【5行程度《ぎょうていど》（全体《ぜんたい》の25％程度《ていど》の割合《わりあい》）】

③なか2→「転《てん》」…小《ちい》さな変化《へんか》、大《おお》きな変化《へんか》、劇的《げきてき》な変化《へんか》、山場《やまば》や事件《じけん》などを書《か》きます。
【6行程度《ぎょうていど》（全体《ぜんたい》の30％程度《ていど》の割合《わりあい》）】

④おわり→「結《けつ》」…できごとのおわりについて書《か》きます。
【4行程度《ぎょうていど》（全体《ぜんたい》の20％程度《ていど》の割合《わりあい》）】

ア　まわりのようす
……その場《ば》はまるで○○だった。

イ　だれかの行動《こうどう》
……A《エー》さんは○○していた。

ウ　だれかの言葉《ことば》
……A《エー》さんは言《い》った。「○○」

エ　自分《じぶん》の行動《こうどう》……そのとき、わたしは○○していた。

オ　自分《じぶん》の言葉《ことば》……わたしは言《い》った。「○○」

各段落《かくだんらく》の文章量《ぶんしょうりょう》の割合《わりあい》

はじめ	なか1	なか2	おわり
15%	40%	40%	15%

ぼくは海外旅行《かいがいりょこう》で体験《たいけん》したできごとを物語風《ものがたりふう》に書《か》きたいけど、最後《さいご》は自分《じぶん》の考《かんが》えをまとめたいんだよな。

「物語風作文《ものがたりふうさくぶん》」では、必《かなら》ずしも「まとめ」でおわる必要《ひつよう》はないけど、じつは「まとめ」を書《か》いておわる手《て》もあるんだ！

物語風《ものがたりふう》に書《か》いて、最後《さいご》に「まとめ」でおわる作文《さくぶん》を「エッセイ風作文《ふうさくぶん》」ともいうよ。

起《き》承《しょう》転《てん》束《そく》
その場合《ばあい》は「起承転結《きしょうてんけつ》」より「起承転束《きしょうてんそく》」というイメージかな。

「束《そく》」は「束《たば》ねる」（まとめる）という意味《いみ》だよ。

できたわ！

まってました！

先生《せんせい》も楽《たの》しみだな。

ちょっとはずかしいけど…

やさしい笑顔《えがお》でむかえてくれた

源《みなもと》　静香《しずか》

起《き》

「続《つづ》きまして、源静香《みなもとしずか》さんの演奏《えんそう》です。」

会場《かいじょう》のすすきヶ原《がはら》ホールにアナウンスがひびいた。わたしはステージの真《ま》ん中《なか》、ピアノの前《まえ》まで歩《ある》き、おじぎをした。今年《ことし》の春《はる》、ピアノの発表会《はっぴょうかい》で、とても緊《きん》張《ちょう》していた。その日《ひ》演奏《えんそう》する曲《きょく》は、とても難《むずか》しい曲《きょく》で、リハーサルでも最後《さいご》まで失敗《しっぱい》してばかりだった。

承《しょう》

ふるえる手《て》でピアノにふれ、演奏《えんそう》が始《はじ》まった。一曲目《いっきょくめ》の『エリーゼのワルツ』は、わたしの得意《とくい》な曲《きょく》で、うまく演奏《えんそう》することができた。しかし、ほっとしたのも束《つか》の間《ま》、すぐに2曲目《きょくめ》の『子犬《こいぬ》の湖《みずうみ》』が始《はじ》まった。この曲《きょく》は何度《なんど》も練《れん》習《しゅう》したけれど、苦手《にがて》な曲《きょく》だった。

転《てん》

緊張《きんちょう》のあまりやっぱり失敗《しっぱい》してしまった。手《て》が、一瞬《いっしゅん》止《と》まりそうになった。涙《なみだ》がどんどんこみ上《あ》げてきた。ふと、舞台《ぶたい》そでの里中先生《さとなかせんせい》を見《み》ると、やさしい笑顔《えがお》で「うん、うん。」とうなずいてくれた。「だいじょうぶだよ。」と言《い》ってくれている気《き》がした。わたしは気《き》を取《と》り直《なお》して、ピアノをひき続《つづ》けることができた。

結《けつ》

演奏《えんそう》が終《お》わったとき、会場《かいじょう》は拍手《はくしゅ》に包《つつ》まれた。父《ちち》と母《はは》も喜《よろこ》んでいた。里中先《さとなかせん》生《せい》は舞台《ぶたい》そでで、

「最後《さいご》までよくがんばったね。」

と、優《やさ》しい笑顔《えがお》でむかえてくれた。気《き》がつくと、わたしは泣《な》いていた。

当日《とうじつ》のドキドキしたようすが、よく伝《つた》わってきたよ。

しずちゃんはやっぱり作文《さくぶん》がうまいなぁ。

でも、わたしはこの作文《さくぶん》をもっとよい文章《ぶんしょう》にしたいわ。

立派《りっぱ》すぎる！

そのままでもおれのかあちゃんだったら泣《な》いて喜《よろこ》ぶと思《おも》うけどな。

もちろん、この作文《さくぶん》はとってもすばらしいけど、
もっとよくなるポイントがあるよ！

まず、自分《じぶん》のまわりのようすを、もう少《すこ》し細《こま》かく書《か》いてあげよう！

たとえば、お父《とう》さんとお母《かあ》さんはどんなようすだったかな？

そういえば、お父《とう》さんはカメラを持《も》ってて、お母《かあ》さんは心配《しんぱい》そうな顔《かお》をしていたかしら。

ピアノの曲《きょく》のどこが難《むず》しかったのかも、もっと具体的《ぐたいてき》に書《か》くと、読《よ》み手《て》に伝《つた》わりやすくなるよ！
そして起承転結《きしょうてんけつ》の「転《てん》」を印象的《いんしょうてき》にしよう！
起《き》
承《しょう》
転《てん》
結《けつ》
たとえば、「」を使《つか》って失敗《しっぱい》したときの自分《じぶん》の気持《きも》ちを書《か》くと、より印象的《いんしょうてき》になるよ。
「しまった！」…なんてどうかしら。
転《てん》
最後《さいご》に、自分《じぶん》の行動《こうどう》ももっとわかりやすく説明《せつめい》しよう！
「結《けつ》」の涙《なみだ》の理由《りゆう》は、「くやし涙《なみだ》」なのか「うれし涙《なみだ》」なのか、どういう気持《きも》ちによるものなのかを、具体的《ぐたいてき》に書《か》いてあげるんだ。
たしかにそうだわ！

先生《せんせい》のアドバイスを取《と》り入《い》れて、書《か》き直《なお》してみたわ！

やさしい笑顔《えがお》でむかえてくれた

源《みなもと》　静《しず》香《か》

起《き》

「続《つづ》きまして、源静香《みなもとしずか》さんの演奏《えんそう》です。」

会場《かいじょう》のすすきヶ原《がはら》ホールにアナウンスがひびいた。わたしはステージの真《ま》ん中《なか》、ピアノの前《まえ》まで歩《ある》き、おじぎをした。今年《ことし》の春《はる》、ピアノの発表会《はっぴょうかい》で、とても緊張《きんちょう》していた。その日《ひ》演奏《えんそう》する曲《きょく》は、とても難《むずか》しい曲《きょく》で、リハーサルでも最後《さいご》まで失敗《しっぱい》してばかりだった。観客席《かんきゃくせき》では、母《はは》が心配《しんぱい》そうな顔《かお》をしているのが見《み》え、父《ちち》はわたしにカメラを向《む》けていた。

まわりのようすを追加《ついか》

承《しょう》

　ふるえる手《て》でピアノにふれ、演奏《えんそう》が始《はじ》まった。一曲目《いっきょくめ》の『エリーゼのワルツ』は、わたしの得意《とくい》な曲《きょく》で、うまく演奏《えんそう》することができた。しかし、ほっとしたのも束《つか》の間《ま》、すぐに2曲目《きょくめ》の『子犬《こいぬ》の湖《みずうみ》』が始《はじ》まった。この曲《きょく》は左手《ひだりて》の動《うご》きがとても難《むずか》しく、苦手《にがて》な曲《きょく》だった。

どこが難《むずか》しいのか具体的《ぐたいてき》に書《か》く

転《てん》

いよいよ、その難《むずか》しいところにきた。

「しまった。ちがう音《おと》をひいてしまった。」

手《て》が、一瞬《いっしゅん》止《と》まりそうになった。涙《なみだ》がこみ上《あ》げてきた。ふと、舞台《ぶたい》そでの里《さと》中先生《なかせんせい》を見《み》ると、やさしい笑顔《えがお》で「うん、うん。」とうなずいてくれた。「だいじょうぶだよ。」と言《い》ってくれている気《き》がした。わたしは気《き》を取《と》り直《なお》して、ピアノをひき続《つづ》けることができた。

結《けつ》

演奏《えんそう》が終《お》わったとき、会場《かいじょう》は拍手《はくしゅ》に包《つつ》まれた。父《ちち》と母《はは》は、思《おも》わず立《た》ち上《あ》がって「しずか！」とさけび、喜《よろこ》んでいた。里中先生《さとなかせんせい》は舞台《ぶたい》そでで、

「最後《さいご》までよくがんばったね。」

と、やさしい笑顔《えみかお》でむかえてくれた。気《き》がつくと、わたしは泣《な》いていた。それは悲《かな》しい涙《なみだ》ではなく、うれし涙《なみだ》だった。

「」を使《つか》って物語《ものがたり》の転機《てんき》を印象的《いんしょうてき》にする

まわりのようすを具体的《ぐたいてき》に書《か》く

どんな気持《きも》ちだったのか具体的《ぐたいてき》にわかるように書《か》く

とても
よい作文《さくぶん》に
なりました。
ありがとう
ございます。
これできっと
すてきな
文集《ぶんしゅう》になるよ。
ぼくも
できた!!
えっ
ほんとに
書《か》いたの!?
当《あ》たり前《まえ》
だろ。
のび太《た》の
ことだから、
ひるね中《ちゅう》に
見《み》た夢《ゆめ》の
内容《ないよう》とか
じゃないの。
ばかに
するな!
まぁまぁ、
のび太《た》くんの
作文《さくぶん》も
読《よ》んでみよう
よ!

ほめてくれた先生《せんせい》

野比《のび》　のび太《た》

起《き》

それは、去年《きょねん》の夏《なつ》ごろのことだった。ぼくは放課後《ほうかご》、そうじ当番《とうばん》だったので、教室《きょうしつ》をそうじしていた。

承《しょう》

ほかの当番《とうばん》の子《こ》はサボっていたので、ぼく以外《いがい》にそうじをしている子《こ》がいなかった。

転《てん》

そこへ先生《せんせい》が通《とお》りかかった。先生《せんせい》はぼくがそうじしているすがたをみて、
「えらい！　きみがこんなにまじめな子《こ》だとは知《し》らなかった。」
と、ほめてくれた。いつもおこってばかりの先生《せんせい》が、このときだけはほめてくれた。

結《けつ》

ぼくはうれしくて、まいあがった。学校《がっこう》をでて家《いえ》に着《つ》くまでずっとスキップだった。

どうも信《しん》じられない。

やっぱり夢《ゆめ》の話《はなし》じゃないのか?

そ、そんな!

ほめられたしょうこだってあるんだから!

ワッ!

それは「本人《ほんにん》ビデオ」。

できごとがあった場所《ばしょ》と時間《じかん》をセットしたら、本人《ほんにん》がやって来《き》て、再現《さいげん》してくれるんだ。

むやみに使《つか》ったら先生《せんせい》にめいわくだよ。

いいじゃん!ケチ!

ええとたしか時間《じかん》は…

ワッ

返《かえ》せ!
もうボタン押《お》しちゃったよ。
ガチャ
先生《せんせい》が来《き》た!
さあ、みんなの前《まえ》でほめてください。
野比《のび》!!
またちこくしおって!生活態度《せいかつたいど》がなっとらん!
時間《じかん》の指定《してい》をまちがえたよ~。
まさに「転《てん》」からの「結《けつ》」だね…

この章《しょう》のまとめ

作文《さくぶん》の「型《かた》」④　物語風《ものがたりふう》作文《さくぶん》

●学校行事《がっこうぎょうじ》や旅行《りょこう》、忘《わす》れられないできごとなど、実際《じっさい》に経験《けいけん》したことを物語風《ものがたりふう》に書《か》く。

はじめ	なか1	なか2	おわり
「起《き》」……話《はなし》のはじまり（物語《ものがたり》の設定《せってい》、主人公《しゅじんこう》の登場《とうじょう》など） →読者《どくしゃ》を物語《ものがたり》の世界《せかい》に引《ひ》きこむ	「承《しょう》」……話《はなし》のつづき（物語《ものがたり》の展開《てんかい》、主人公《しゅじんこう》の変化《へんか》など） →物語《ものがたり》の方向性《ほうこうせい》を示《しめ》す	「転《てん》」……変化《へんか》・山場《やまば》（物語《ものがたり》のクライマックス、大《おお》きな事件《じけん》など） →あえてひっくり返《かえ》して読者《どくしゃ》の心《こころ》をつかむ	「結《けつ》」……話《はなし》のおわり（物語《ものがたり》の結末《けつまつ》、事件解決後《じけんかいけつご》のようすなど） →読者《どくしゃ》の共感《きょうかん》をさそうおわり方《かた》で、物語《ものがたり》の世界《せかい》からはなさない

●覚《おぼ》えておきたい書《か》き出《だ》しの例《れい》

①セリフ（思《おも》い）
②時《とき》
③行動《こうどう》
④場所《ばしょ》
⑤時《とき》と場所《ばしょ》

●覚《おぼ》えておきたいおわり方《かた》の例《れい》

①そのとき見《み》えていたまわりのようすや風景《ふうけい》
②そのとき見《み》えていただれかの行動《こうどう》
③聞《き》こえてきただれかの言葉《ことば》
④そのときの自分《じぶん》の行動《こうどう》
⑤自分《じぶん》が話《はな》した言葉《ことば》や思《おも》ったこと

第《だい》6章《しょう》

達人《たつじん》直伝《じきでん》！
「伝《つた》わる」文章《ぶんしょう》のコツ

のび太《た》、まだできないのか？
みんなとっくに完成《かんせい》してるぞ！
そんなこと言《い》われても……
のび太《た》がコンクールの作文《さくぶん》をいっしょに書《か》こうって言《い》い出《だ》したんだぞ！
今日《きょう》から学校《がっこう》の作文《さくぶん》コンクールに取《と》りかかってもらう。
テーマは各自《かくじ》で決《き》めるように。
どうせのび太《た》には入賞《にゅうしょう》は無理《むり》だと思《おも》うけどな。
せっかくがんばって書《か》いているのに、そんな言《い》い方《かた》ないわ！
だって……

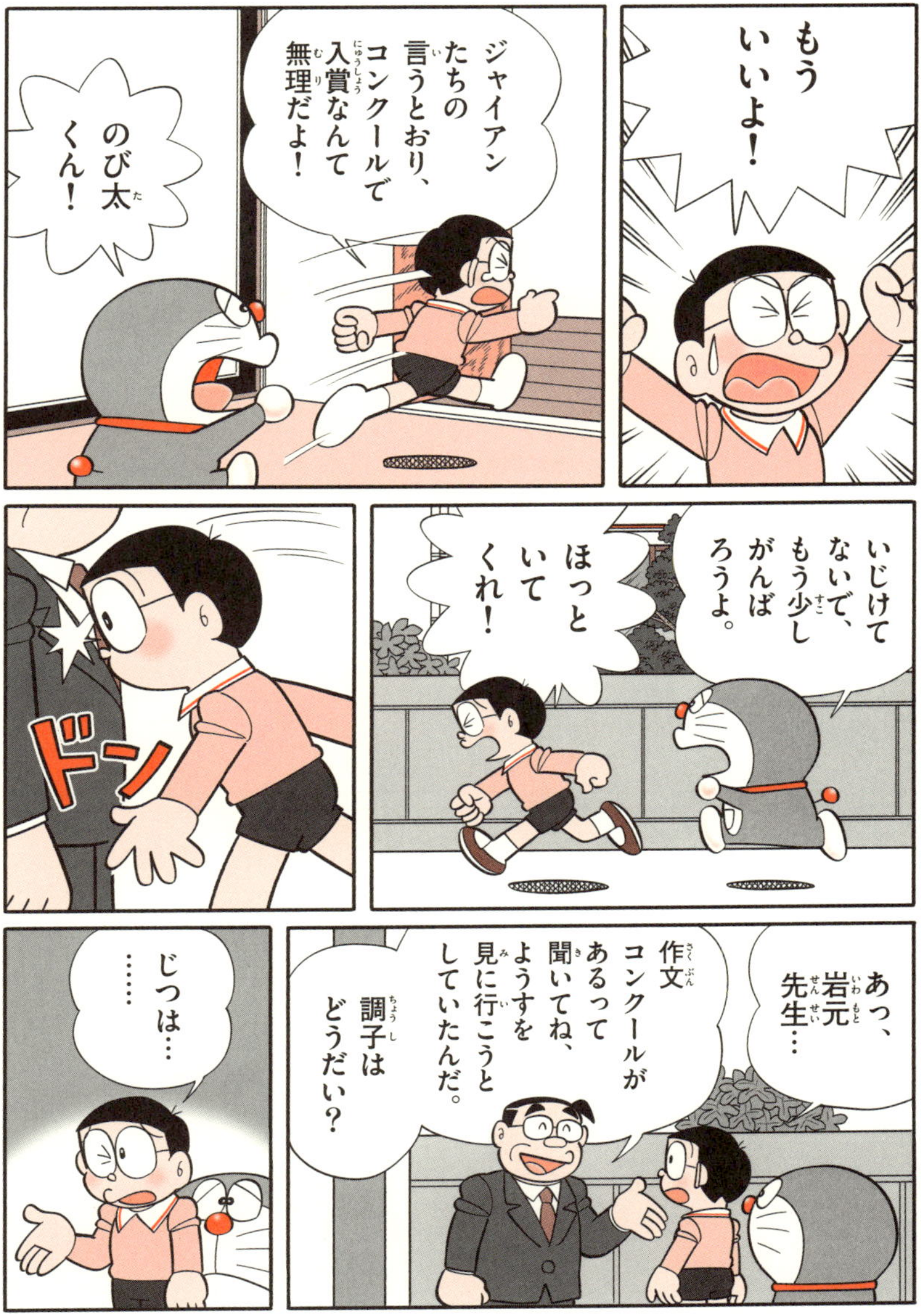
もういいよ!
ジャイアンたちの言《い》うとおり、コンクールで入賞《にゅうしょう》なんて無理《むり》だよ!
のび太《た》くん!
いじけてないで、もう少《すこ》しがんばろうよ。
ほっといてくれ!
ドーン
あっ、岩元《いわもと》先生《せんせい》…
作文《さくぶん》コンクールがあるって聞《き》いてね、ようすを見《み》に行《い》こうとしていたんだ。
調子《ちょうし》はどうだい?
じつは………

さすがに言《い》いすぎたかなぁ。

みんなでのび太《た》さんを探《さが》しに行《い》きましょう!

ガチャ
のび太《た》さん!

岩元《いわもと》先生《せんせい》も!

さっき道《みち》でばったり会《あ》ってね…

のび太《た》くんは「友達《ともだち》」というテーマで、みんなのことを作文《さくぶん》に書《か》きたいみたいなんだ。

おれたちのことを!?

みんなのいいところを思《おも》い出《だ》そうとしていたんだけど、ジャイアンとスネ夫《お》がいじわる言《い》うから、いやになって……そのことを岩元先生《いわもとせんせい》に相談《そうだん》したんだ。

事情《じじょう》を説明《せつめい》すれば、きっとわかってもらえるよ!

そういうことだったのか。
さっきは悪《わる》かったな、心《こころ》の友《とも》よ！
仕方《しかた》ないから手伝《てつだ》ってやるよ。
先生《せんせい》もサポートするよ！
ありがとう！みんな…!!
ぼくも力《ちから》になるよ！
「ハッスルネジ巻《ま》き」。
すばやく動《うご》けるようになる道具《どうぐ》だよ。
これで一気《いっき》に仕上《しあ》げよう！
チャッ
チャカ
チャッ
チャカ
できた！

ぼくの学校《がっこう》の友《とも》だち

野比《のび》 のび太《た》

はじめ

ぼくには、いつもいっしょに遊《あそ》んでいる学校《がっこう》の友《とも》だちが三人《さんにん》いる。ちょっとはずかしいけれど、その三人《さんにん》についてしょうかいします。

なか１

一人《ひとり》めは、しずちゃんです。しずちゃんは、いつもぼくに宿《しゅく》だいを教《おし》えてくれたり、やさしくしてくれたりします。かけっこでビリになったり、とびばこをとべなかったりしても、バカにしなくて、ぼくなりにがんばっているのを見《み》て、「いっしょにがんばろう。」と言《い》ってくれて、いちばん大事《だいじ》な友《とも》だちです。

なか２

二人《ふたり》めは、スネ夫《お》くんです。お金《かね》もちでいつもじまんばかりして、遊《あそ》びに行《い》くときさそってくれません。ぼくのテストの点数《てんすう》を見《み》て、バカにしてきます。だけど、スネ夫《お》くんのいいところは、たまにマンガを貸《か》してくれたり、いっしょにゲームをします。そういうときは、やっぱりいい友《とも》だちだなということを気《き》づきます。

なか3

三人《さんにん》めは、ジャイアンです。体《からだ》が大《おお》きくてらんぼうで、リサイタルや野球《やきゅう》のれん習《しゅう》にいつもごういんにさそってきます。だけど、やさしいときもあります。ぼくがかぜをひいたとき、心《しん》ぱいしてやさしい言葉《ことば》をかけてくれました。この言葉《ことば》はとてもうれしかったです。ぎゃくに、となり町《まち》のいじめっ子《こ》にいじめられたときは、助《たす》けてくれました。いざというときに、とてもたよりになります。

おわり

三人《さんにん》とも、ぼくの大事《だいじ》な友《とも》だちです。性格《せいかく》はバラバラだけど、なんだかんだいっしょにいます。作文《さくぶん》もみんなでれん習《しゅう》して、このおかげで上《じょう》たつしました。これからもなかよくしたいと思《おも》います。

なんだかはずかしいわ。
よい作文《さくぶん》じゃない！
ジャイアンとスネ夫《お》も感動《かんどう》でふるえて…
のび太《た》！！
作文《さくぶん》に悪口《わるくち》を書《か》くなんてひきょうだぞ！
リサイタルがいやってどういうことだ！
最後《さいご》までちゃんと読《よ》んでよ！
「まあまあ棒《ぼう》」
いかりをしずめる道具《どうぐ》だ。
まあまあまあ。
ピタ

ジャイアンとスネ夫《お》のいいところを伝《つた》えたい作文《さくぶん》なんだよ。

まあ、今回《こんかい》は許《ゆる》してやる。

えっ、もしかして先生《せんせい》も…

とってもすばらしいよ…!!

泣《な》いてる!?

あんなに苦手《にがて》だったのに、こんなに立派《りっぱ》な作文《さくぶん》を書《か》けるようになったなんて…

もう先生《せんせい》からきみたちに教《おし》えられることは…

ある!!

あるのかよ!

「四段落構成《よんだんらくこうせい》」や「四《よっ》つの型《かた》」はバッチリだけど、それとは別《べつ》に「伝《つた》わる文章《ぶんしょう》のコツ」が、いくつかあるんだ。

ぼくの学校《がっこう》の友《とも》だち

野比《のび》 のび太《た》

ぼくには、いつもいっしょに遊《あそ》んでいる学校《がっこう》の友《とも》だちが三人《さんにん》いる。ちょっとはずかしいけれど、その三人《さんにん》についてしょうかいします。

一人《ひとり》めは、しずちゃんです。しずちゃんは、いつもぼくに宿《しゅく》だいを教《おし》えてくれたり、やさしくしてくれたりします。かけっこでビリになったり、とびばこをとべなかったりしても、バカにしなくて、ぼくなりにがんばっているのを見《み》て、「いっしょにがんばろう。」と言《い》ってくれて、いちばん大事《だいじ》な友《とも》だちです。

二人《ふたり》めは、スネ夫《お》くんです。お金《かね》もちでいつもじまんばかりして、遊《あそ》びに行《い》くときさそってくれません。ぼくのテストの点数《てんすう》を見《み》て、バカにしてきます。だけど、スネ夫《お》くんのいいところは、たまにマンガを貸《か》してくれたり、いっしょにゲームをします。そういうときは、やっぱりいい友《とも》だちだなということを気《き》づきます。

①敬体文《けいたいぶん》と常体文《じょうたいぶん》を統一《とういつ》する

②一文《いちぶん》を短《みじか》くする

③話《はな》し言葉《ことば》を書《か》き言葉《ことば》にする

④一文《いちぶん》のはじめとおわりをそろえる

⑤「てにをは」を正《ただ》しく使《つか》う

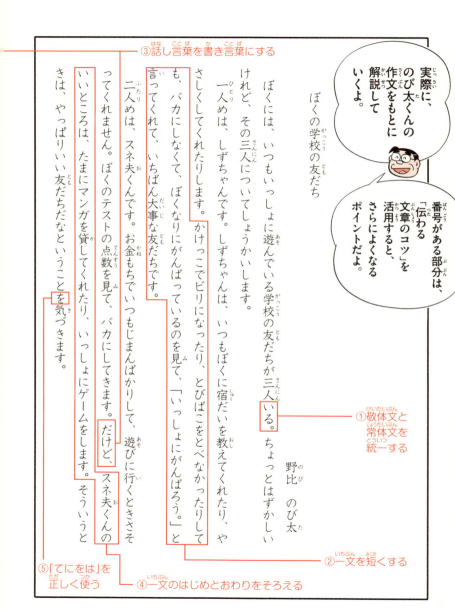

⑦接続語《せつぞくご》を正《ただ》しく使《つか》う

三人《さんにん》めは、ジャイアンです。体《からだ》が大《おお》きくてらんぼうで、リサイタルや野球《やきゅう》のれん習《しゅう》にいつもごういんにさそってきます。だけど、やさしいときもあります。ぼくがかぜをひいたとき、心《しん》ぱいしてやさしい言葉《ことば》をかけてくれました。この言葉《ことば》はとてもうれしかったです。ぎゃくに、となり町《まち》のいじめっ子《こ》にいじめられたときは、助《たす》けてくれました。いざというときに、とてもたよりになります。

三人《さんにん》とも、ぼくの大事《だいじ》な友《とも》だちです。性格《せいかく》はバラバラだけど、なんだかんだいっしょにいます。作文《さくぶん》もみんなでれん習《しゅう》して、このおかげで上《じょう》たつしました。これからもなかよくしたいと思《おも》います。

⑥「こそあど言葉《ことば》」を正《ただ》しく使《つか》う

①から順番《じゅんばん》に説明《せつめい》していくから、みんなもいっしょに考《かんが》えてみてね！

まず、のび太《た》くんの作文《さくぶん》だけど…「観点型《かんてんがた》」をうまく使《つか》えていてすばらしいね！

聞《き》いた!? ぼくの作文《さくぶん》がかんぺきだって！

そこまで言《い》ってないよ。

ただ、文章《ぶんしょう》にすこし問題点《もんだいてん》があるから、もう一息《ひといき》だね！

先生《せんせい》のアドバイスをよ～く聞《き》こう。

うっ…

まず①は、「敬体文《けいたいぶん》（です・ます）と常体文《じょうたいぶん》（だ・である）を統一《とういつ》する」

作文《さくぶん》のなかに、「～です。」「～だ。」という言《い》い回《まわ》しがまざっているけど、どちらかに統一《とういつ》しよう！

「敬《けい》体《たい》文《ぶん》」は、ていねいでやわらかい印象《いんしょう》があるね。
「常《じょう》体《たい》文《ぶん》」は、自分《じぶん》の意見《いけん》をはっきり伝《つた》える感《かん》じね。
一般的《いっぱんてき》には、「敬体文《けいたいぶん》」は読《よ》み手《て》が決《き》まっている手紙《てがみ》やメール、「常体文《じょうたいぶん》」は新聞《しんぶん》や論文《ろんぶん》など読《よ》み手《て》が決《き》まっていない場合《ばあい》に使《つか》われるよ。
②は、「一文《いちぶん》を短《みじか》くする」
「一《ひと》つの文章《ぶんしょう》に一《ひと》つの意味《いみ》」を意識《いしき》すると読《よ》みやすくなるよ！
おれも先生《せんせい》に言《い》われて直《なお》したっけ。
そして③は、「話《はな》し言葉《ことば》を書《か》き言葉《ことば》にする」
「話《はな》し言葉《ことば》」と「書《か》き言葉《ことば》」？
何《なに》がどう違《ちが》うの？

たとえば、この文章《ぶんしょう》を読《よ》んでみよう。
1 その食《た》べ物《もの》なら、わたしはぜんぜん大丈夫《だいじょうぶ》です。
2 いっしょに遊《あそ》ぼうと、友達《ともだち》が言《い》ってた。
3 おなかいっぱいで、もう食《た》べれません。
意味《いみ》は伝《つた》わるけど、ちょっと違和感《いわかん》があるような…？

書《か》き言葉《ことば》に直《なお》すとこうなるよ！
1 その食《た》べ物《もの》なら、わたしはまったく問題《もんだい》ありません。
2 いっしょに遊《あそ》ぼうと、友達《ともだち》が言《い》っていた。
3 おなかいっぱいで、もう食《た》べられません。
きれいな文章《ぶんしょう》になったわ！

このように、会話《かいわ》で使《つか》う言葉《ことば》（話《はな》し言葉《ことば》）は作文《さくぶん》では使《つか》ってはいけないとされているから、「書《か》き言葉《ことば》」を意識《いしき》して書《か》こう！

「〜てた」「〜れる」はとくに気《き》をつけよう。

おれたちもまだまだ知《し》らない作文《さくぶん》のコツがあるんだな……
あとでぼくの作文《さくぶん》も見直《みなお》してみなきゃ。
④は、「一文《いちぶん》のはじめとおわりをそろえる」
みんなはこの文章《ぶんしょう》のどこがおかしいかわかるかな?
ぼくの夢《ゆめ》は、高級《こうきゅう》ドラやきを、おなかいっぱい食《た》べます。
なんか変《へん》な感《かん》じ…
わかった!
「夢《ゆめ》にしてはスケールが小《ちい》さい」だ!
小《ちい》さくて悪《わる》かったね。
そういうことじゃないね…

正《ただ》しくはこう書《か》くよ！

ぼくの夢《ゆめ》は、高級《こうきゅう》ドラやきを、おなかいっぱい食《た》べることです。

たしかにこっちのほうがしっくりくる！

このように、文《ぶん》のはじめとおわりがそろえられていると、きれいな文章《ぶんしょう》になるよね！

「わたしは～と思《おも》いました。」

「わたしが思《おも》ったのは、～ということです。」

「～だと、わたしは思《おも》いました。」

「～は、～なことです。」

「～なところは、～なところです。」
⑤は「『てにをは』を正《ただ》しく使《つか》う」
て
に
を
は
「てにをは」？魔法《まほう》のじゅもん？
のび太《た》くんは学校《がっこう》で習《なら》ったはずだよ！

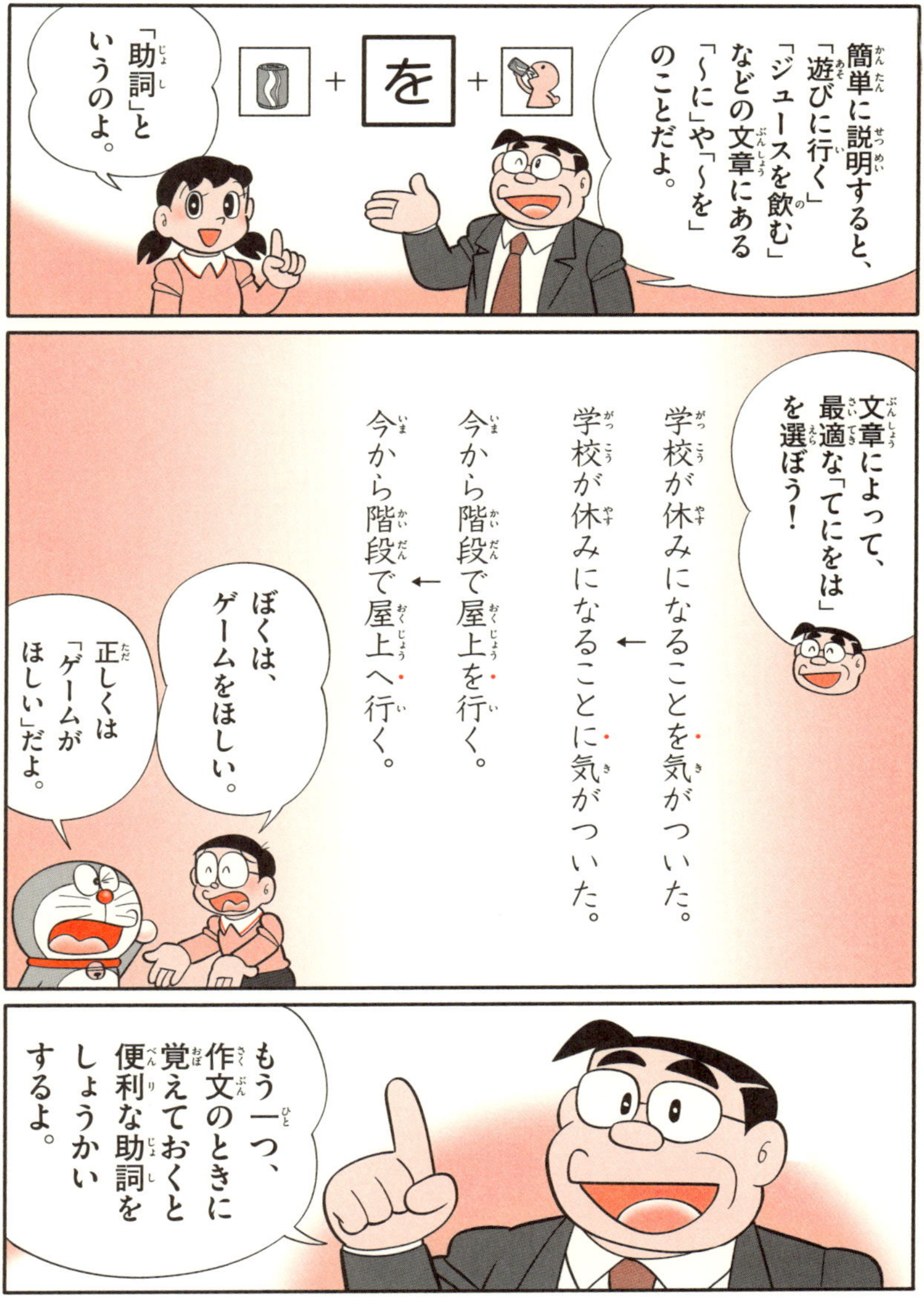

簡単《かんたん》に説明《せつめい》すると、「遊《あそ》びに行《い》く」「ジュースを飲《の》む」などの文章《ぶんしょう》にある「〜に」や「〜を」のことだよ。

を
「助詞《じょし》」というのよ。

文章《ぶんしょう》によって、最適《さいてき》な「てにをは」を選《えら》ぼう！

学校《がっこう》が休《やす》みになることを気《き》がついた。

←

学校《がっこう》が休《やす》みになることに気《き》がついた。

今《いま》から階段《かいだん》で屋上《おくじょう》を行《い》く。

←

今《いま》から階段《かいだん》で屋上《おくじょう》へ行《い》く。

ぼくは、ゲームをほしい。

正《ただ》しくは「ゲームがほしい」だよ。

もう一《ひと》つ、作文《さくぶん》のときに覚《おぼ》えておくと便利《べんり》な助詞《じょし》をしょうかいするよ。

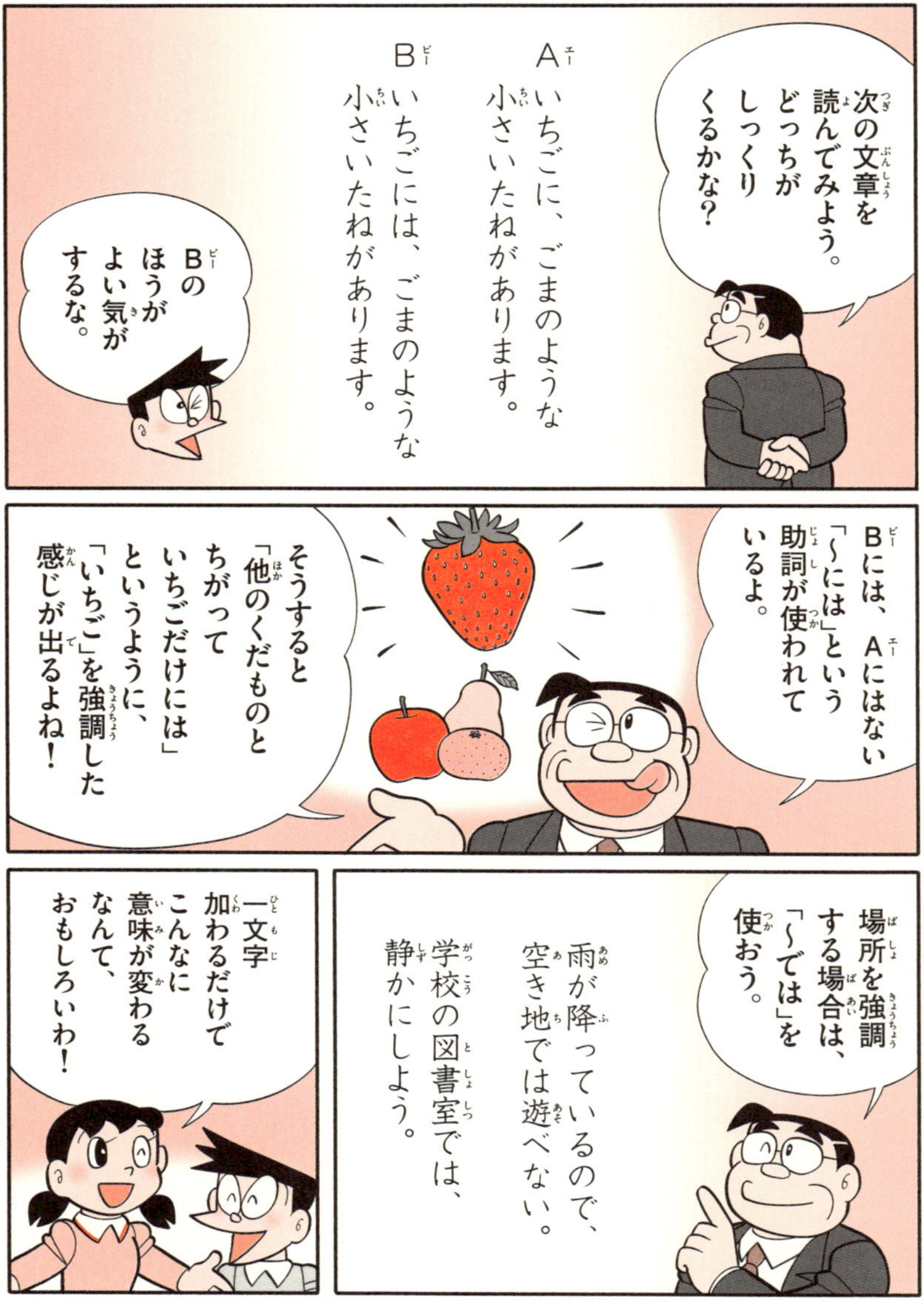
次《つぎ》の文章《ぶんしょう》を読《よ》んでみよう。どっちがしっくりくるかな？

A《エー》 いちごに、ごまのような小《ちい》さいたねがあります。

B《ビー》 いちごには、ごまのような小《ちい》さいたねがあります。

B《ビー》のほうがよい気《き》がするな。

B《ビー》には、A《エー》にはない「〜には」という助詞《じょし》が使《つか》われているよ。

そうすると「他《ほか》のくだものとちがっていちごだけには」というように、「いちご」を強調《きょうちょう》した感《かん》じが出《で》るよね！

場所《ばしょ》を強調《きょうちょう》する場合《ばあい》は、「〜では」を使《つか》おう。

雨《あめ》が降《ふ》っているので、空《あ》き地《ち》では遊《あそ》べない。

学校《がっこう》の図書室《としょしつ》では、静《しず》かにしよう。

一文字《ひともじ》加《くわ》わるだけでこんなに意味《いみ》が変《か》わるなんて、おもしろいわ！

	物事《ものごと》	場所《ばしょ》	方向《ほうこう》
自分《じぶん》に近《ちか》い	これ	ここ	こちら
相手《あいて》に近《ちか》い	それ	そこ	そちら
両方《りょうほう》から遠《とお》い	あれ	あそこ	あちら
わからない	どれ	どこ	どちら

⑦は、「接続語《せつぞくご》を正《ただ》しく使《つか》う」
「接続語《せつぞくご》」とは、「文《ぶん》と文《ぶん》をつなぐ言葉《ことば》」のことだよ。
文《ぶん》 接《せつ》 文《ぶん》

①順接《じゅんせつ》…前《まえ》の文《ぶん》が原因《げんいん》となって、後《うし》ろの文《ぶん》に結果《けっか》が来《く》る。
(例《れい》)だから、それで、そこで

②逆接《ぎゃくせつ》…前《まえ》の文《ぶん》と逆《ぎゃく》の文《ぶん》が後《うし》ろに続《つづ》く。
(例《れい》)しかし、けれど、だが、ところが

③添加《てんか》…前《まえ》の文《ぶん》に何《なに》か付《つ》け加《くわ》える。
(例《れい》)また、そのうえ、さらに

④説明《せつめい》…前《まえ》の文《ぶん》についてくわしく述《の》べる。
(例《れい》)つまり、とくに、すなわち、たとえば

⑤対比《たいひ》…前《まえ》の文《ぶん》と後《うし》ろの文《ぶん》を比《くら》べる。
(例《れい》)いっぽう、ぎゃくに、たしかに、または

⑥理由《りゆう》…前《まえ》の文《ぶん》の原因《げんいん》や根拠《こんきょ》について後《うし》ろの文《ぶん》で述《の》べる。
(例《れい》)なぜなら(〜から)

⑦列挙《れっきょ》…前《まえ》の文《ぶん》と後《うし》ろの文《ぶん》を順番《じゅんばん》に述《の》べる。
(例《れい》)まず(次《つぎ》に)、最初《さいしょ》に(続《つづ》いて)

⑧結論《けつろん》…前《まえ》の文《ぶん》を受《う》けて、最終的《さいしゅうてき》なまとめを述《の》べる。
(例《れい》)このように

この8種類《しゅるい》を覚《おぼ》えておけば、どんな作文《さくぶん》でも書《か》くことができるんだ。

十分《じゅうぶん》多《おお》いなあ…いっぺんに暗記《あんき》できる道具《どうぐ》を出《だ》してよ。
今《いま》すぐ全部《ぜんぶ》覚《おぼ》えなくてもだいじょうぶだよ。

最後《さいご》に、作文《さくぶん》が完成《かんせい》したら「推敲《すいこう》」しよう！

「推敲《すいこう》」とは、文章《ぶんしょう》にまちがいがないかチェックしたり、よりよい文章《ぶんしょう》にするために練《ね》り直《なお》したりすることだよ。

自分《じぶん》ではなく、先生《せんせい》や他《ほか》の人《ひと》にチェックしてもらうことは「添削《てんさく》」というんだ。

推敲《すいこう》のコツは「音読《おんどく》」すること！

音読《おんどく》すれば、まちがいに気《き》づきやすいよ！

ついにできた！

なかよくしたい三人《さんにん》の友《とも》だち

野比《のび》　のび太《た》

はじめ

ぼくには、いつもいっしょに遊《あそ》んでいる学校《がっこう》の友《とも》だちが三人《さんにん》①います。ちょっとはずかしいけれど、その三人《さんにん》について紹介《しょうかい》します。

なか１

一人《ひとり》めは、しずちゃんです。しずちゃんは、いつもぼくに宿《しゅく》だいを教《おし》えてくれたり、やさしくしてくれたりします。②かけっこでビリになったり、とびばこをとべなかったりしても、バカにしません。ぼくなりにがんばっているのを見《み》て、「いっしょにがんばろう。」と言《い》ってくれます。いちばん大事《だいじ》な友《とも》だちです。

なか２

二人《ふたり》めは、スネ夫《お》くんです。お金《かね》もちでいつもじまんばかりして、遊《あそ》びに行《い》くときさそってくれません。ぼくのテストの点数《てんすう》を見《み》て、バカにしてきます。③けれど、スネ夫《お》くんの④いいところは、たまにマンガを貸《か》してくれたり、いっしょにゲームをしてくれたりする④ところです。そういうときは、やっぱりいい友《とも》だちだなということに⑤気《き》づきます。

なか3

三人《さんにん》めは、ジャイアンです。体《からだ》が大《おお》きくてらんぼうで、リサイタルや野球《やきゅう》のれん習《しゅう》にいつもごういんにさそってきます。③けれど、やさしいときもあります。ぼくがかぜをひいたとき、心《しん》ぱいしてやさしい言葉《ことば》をかけてくれました。⑥その言葉《ことば》はとてもうれしかったです。⑦また、となり町《まち》のいじめっ子《こ》にいじめられたときは、助《たす》けてくれました。いざというときに、とてもたよりになります。

おわり

だから、三人《さんにん》ともぼくの大事《だいじ》な友《とも》だちです。性格《せいかく》はバラバラだけど、なんだかんだいっしょにいます。作文《さくぶん》もみんなでれん習《しゅう》して、⑥そのおかげで上《じょう》たつしました。これからもなかよくしたいと思《おも》います。

うんうん！バッチリだよ！のび太《た》くん!!
全部《ぜんぶ》先生《せんせい》のおかげです！
おれたちを忘《わす》れるなよ！
これでぼくたち作文《さくぶん》の名人《めいじん》だね！
きみたちはまさに…
作文《さくぶん》の半名人《はんめいじん》だね！
まだ名人《めいじん》じゃないのね。
あと一歩《いっぽ》！ここからは応用編《おうようへん》だよ！
応用編《おうようへん》①「言葉《ことば》をくわしく説明《せつめい》する」

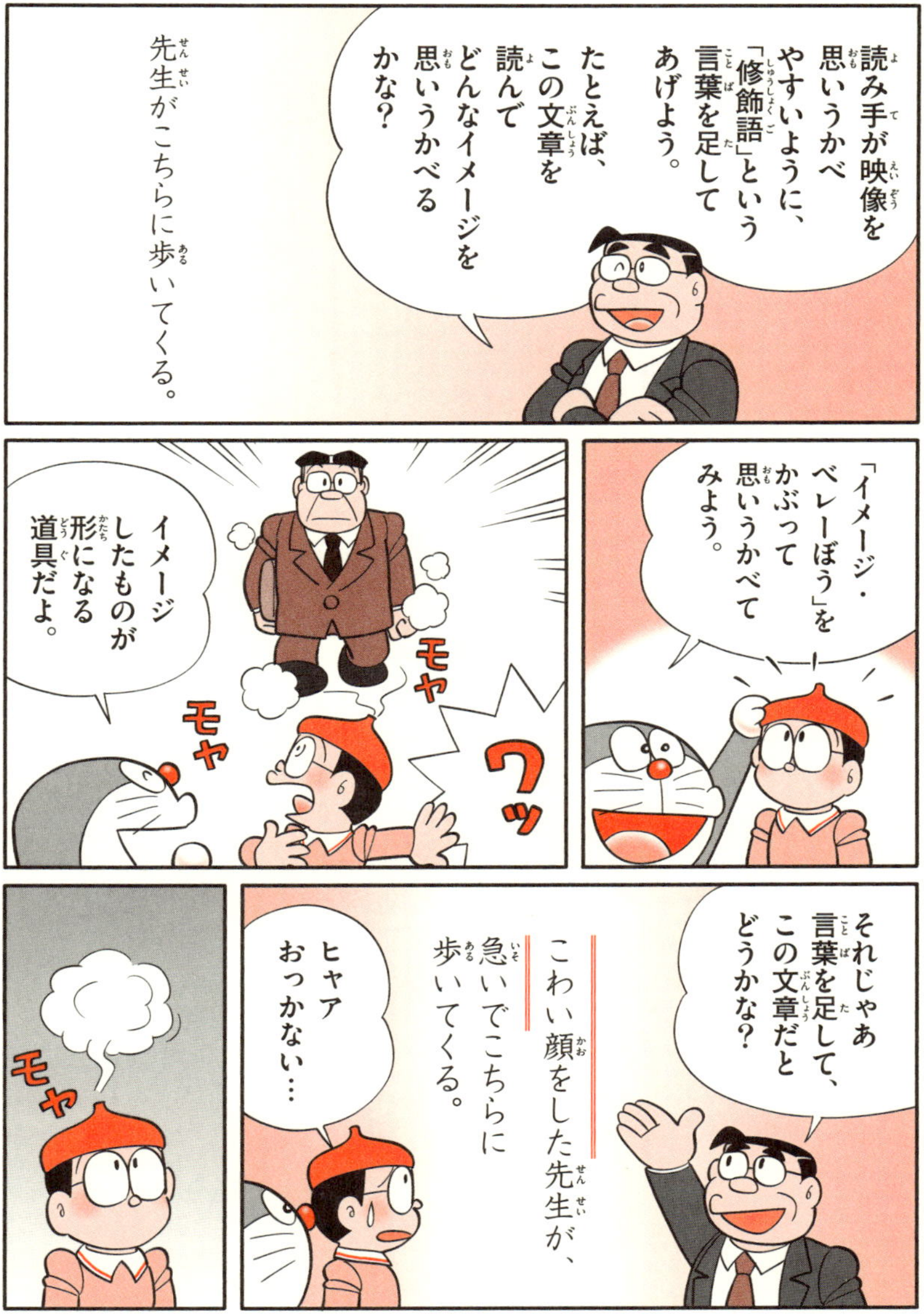
読《よ》み手《て》が映像《えいぞう》を思《おも》いうかべやすいように、「修飾語《しゅうしょくご》」という言葉《ことば》を足《た》してあげよう。
たとえば、この文章《ぶんしょう》を読《よ》んでどんなイメージを思《おも》いうかべるかな？
先生《せんせい》がこちらに歩《ある》いてくる。
「イメージ・ベレーぼう」をかぶって思《おも》いうかべてみよう。
モヤ
モヤ
ワッ
イメージしたものが形《かたち》になる道具《どうぐ》だよ。
それじゃあ言葉《ことば》を足《た》して、この文章《ぶんしょう》だとどうかな？
こわい顔《かお》をした先生《せんせい》が、急《いそ》いでこちらに歩《ある》いてくる。
ヒャアおっかない…
モヤ

…と、このようにイメージしやすくなるよね。
どっちもこわいけどね。
ヒャア
この先生《せんせい》のイメージを部屋《へや》に置《お》いておくと、宿題《しゅくだい》がはかどりそうだね。
とんでもないっ！
応用編《おうようへん》②「擬音語《ぎおんご》や擬態語《ぎたいご》を使《つか》う」
ドカン
擬音語《ぎおんご》、擬態語《ぎたいご》？

「オノマトペ」ともいうよ。

余計《よけい》にわかんないや。

まんがのバーンやドカッのことだよ。

それならわかるよ！

「擬音語《ぎおんご》」は「ドスンと転《ころ》ぶ」「カラスがカーカーなく」のように、実際《じっさい》に出《で》る音《おと》や声《こえ》を表《あらわ》す言葉《ことば》で、

「擬態語《ぎたいご》」は「ゆかがツルツルすべる」「雪《ゆき》がしんしんと降《ふ》る」のように、実際《じっさい》には音《おと》は出《で》ないようすをそれらしく表《あらわ》す言葉《ことば》なんだ。

目《め》が「キラキラ」している。

気味《きみ》が悪《わる》くて「ゾッ」とふるえる。

「擬音語《ぎおんご》」や「擬態語《ぎたいご》」を使《つか》えば、頭《あたま》の中《なか》に映像《えいぞう》がぐっとうかびやすくなるよ！

応《おう》用《よう》編《へん》③「比喩《ひゆ》（たとえ）を使《つか》う」

相手《あいて》がよく知《し》っているものにたとえることで、ぐっとわかりやすくなることがあるよ！

ドラえもんの見《み》た目《め》はまるでタヌキのようだ。こういうこと？

うまい！

うまくない！

ただし、相手《あいて》が知《し》らないものでたとえると、かえってわかりにくくなるから注意《ちゅうい》が必要《ひつよう》だよ。

別荘《べっそう》のプライベートビーチは、まるでカバンサイトの原石《げんせき》のような青《あお》で、美《うつく》しかった。

カバとサイの原石《げんせき》？

応用編《おうようへん》は以上《いじょう》！
ってことは…
おめでとう!!
これで教《おし》えられることは全部《ぜんぶ》教《おし》えたよ！
岩元先生《いわもとせんせい》！みんな！ありがとう!!
作文《さくぶん》を書《か》くのって楽《たの》しいんだね!!
それはなによりだよ！
作文《さくぶん》を楽《たの》しんで書《か》くことができれば、みんな「作文《さくぶん》の名人《めいじん》」だよ！

そして一《いっ》か月《げつ》後《ご》…
さて、授業《じゅぎょう》の前《まえ》に、
先月《せんげつ》の作文《さくぶん》コンクールの結果《けっか》を発表《はっぴょう》する。
なんとこのクラスからたくさん入賞者《にゅうしょうしゃ》が出《で》たぞ！
それでは、名前《なまえ》を呼《よ》ばれた人《ひと》は前《まえ》に出《で》るように。

源《みなもと》くん、
骨川《ほねかわ》くん、
剛田《ごうだ》くん、
以上《いじょう》、三名《さんめい》！
だめだったか…
ガクッ
えー、じつはもう一人《ひとり》入賞者《にゅうしょうしゃ》がいるみたいなんだが、
どうもうちのクラスの名簿《めいぼ》には名前《なまえ》がのっていないんだ。
「野比《のび》のび犬《けん》」という名前《なまえ》なんだが…
!!

先生《せんせい》!! それぼくです!!
やった! ぼくも入賞《にゅうしょう》したんだ!!
のび太《た》のくせにやるじゃないか!
おめでとう!!
作文《さくぶん》はとってもよかったぞ。
がんばって勉強《べんきょう》したんだな。
なんたって、ぼくはもう「作文《さくぶん》の名人《めいじん》」だからね!

「名人《めいじん》」じゃなくて「名犬《めいけん》」のまちがいじゃないの？
ひどい！
たしかにぴったりだぜ！
やれやれ、作文《さくぶん》の名人《めいじん》になっても、のび太《た》くんはのび太《た》くんだなあ。

巻末特別《かんまつとくべつ》ふろく①

おすすめ作文《さくぶん》テーマ

作文《さくぶん》は、とにかくたくさん書《か》くことが、
一番《いちばん》の上達《じょうたつ》の近道《ちかみち》です。
ここに挙《あ》げる「おすすめ作文《さくぶん》テーマ」は、
小学生《しょうがくせい》のうちに書《か》いておきたいものばかりです。
巻末特別《かんまつとくべつ》ふろく②の
「魔法《まほう》の作文《さくぶん》ワークシート」も活用《かつよう》して、
どんどん書《か》いていきましょう。

①説明的作文《せつめいてきさくぶん》・時系列型《じけいれつがた》

自分《じぶん》がしたことや見《み》たことなどを、時間《じかん》の流《なが》れに沿《そ》って二《ふた》つ説明《せつめい》しましょう。

- □朝《あさ》のできごと
- □学校《がっこう》へ行《い》くとき
- □おもしろかった授業《じゅぎょう》
- □休《やす》み時間《じかん》
- □給食《きゅうしょく》の時間《じかん》
- □そうじの時間《じかん》
- □学校《がっこう》からの帰《かえ》り道《みち》
- □遊《あそ》びのとき
- □習《なら》いごと
- □お手伝《てつだ》い
- □ある日《ひ》の夕食《ゆうしょく》
- □買《か》い物《もの》
- □遠足《えんそく》でのできごと
- □○○の作《つく》り方《かた》（料理《りょうり》、おかしなど）

- □○○の使《つか》い方《かた》（タブレットなど）
- □○○の育《そだ》て方《かた》（メダカ、こん虫《ちゅう》など）
- □○○の観察《かんさつ》（花《はな》、虫《むし》、雲《くも》など）
- □○○の見学《けんがく》（博物館《はくぶつかん》や工場《こうじょう》など）
- □家族旅行《かぞくりょこう》
- □夏休《なつやす》みの思《おも》い出《で》
- □冬休《ふゆやす》みの思《おも》い出《で》
- □クリスマス
- □初《はつ》もうで
- □忘《わす》れられない思《おも》い出《で》

②説明的作文《せつめいてきさくぶん》・観点型《かんてんがた》

A《エー》　テーマにそって二《ふた》つ取《と》り上《あ》げて、
共通《きょうつう》しているところをまとめましょう。

B《ビー》　テーマにそって一《ひと》つ取《と》り上《あ》げて、
それについて二《ふた》つの説明《せつめい》をしましょう。

□わたしの宝物《たからもの》
□わたしの好《す》きな○○
(くだもの、飲《の》みもの、野《や》菜《さい》、おすし、給食《きゅうしょく》、おかし、動物《どうぶつ》、教科《きょうか》、実験《じっけん》、花《はな》、歌《うた》、アニメ、漢字《かんじ》、県《けん》、国《くに》など)
□○○で好《す》きな場所《ばしょ》
(学校《がっこう》、町《まち》の中《なか》、家《いえ》の中《なか》など)
□今日《きょう》の発見《はっけん》
□今《いま》、ほしいもの
□今《いま》、食《た》べたいもの

□今《いま》、したいこと
□いつかやってみたいこと
□いつか作《つく》ってみたいもの
□最近《さいきん》、夢中《むちゅう》になっていること
□ふしぎに思《おも》っていること
□最近《さいきん》、うれしかったこと
□最近《さいきん》、びっくりしたこと
□最近《さいきん》、わかったこと
□最近《さいきん》、気《き》になるニュース
□わが家《や》のルール
□家族《かぞく》のじまん

□あこがれの人《ひと》
□こんな道具《どうぐ》があったら
□行《い》ってみたい国《くに》
□行《い》ってみたい世界遺産《せかいいさん》
□友達《ともだち》の前進《ぜんしん》・成長《せいちょう》
□私《わたし》の前進《ぜんしん》・成長《せいちょう》
□できるようになってうれしいこと
□わたしが○○になったらしたいこと
□将来《しょうらい》の夢《ゆめ》
□タイムマシンで過去《かこ》に行《い》くなら
□タイムマシンで未来《みらい》に行《い》くなら

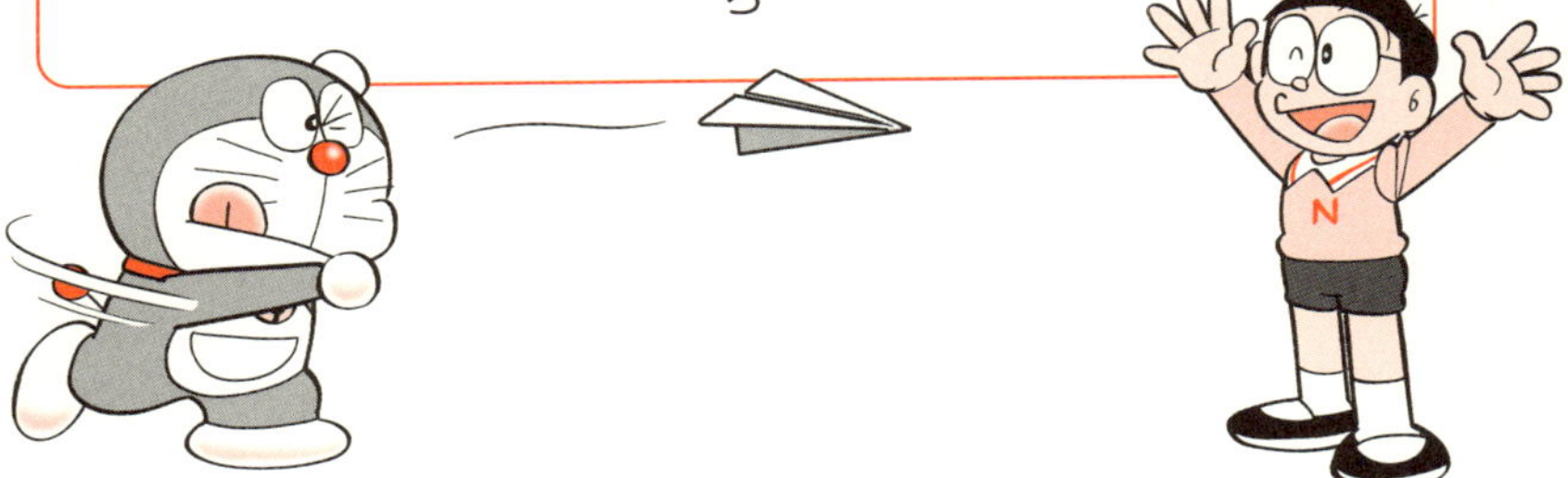

③説明的《せつめいてき》作文《さくぶん》・比較型《ひかくがた》

「A《エー》とB《ビー》のどちらか」というテーマについて、自分《じぶん》の意見《いけん》を述《の》べましょう。

●どちらが好《す》きか

- □夏《なつ》と冬《ふゆ》
- □春《はる》と秋《あき》
- □土曜日《どようび》と日曜日《にちようび》
- □ごはんとパン
- □給食《きゅうしょく》と弁当《べんとう》
- □うどんとそば
- □プールと海《うみ》
- □飛行機《ひこうき》と新幹線《しんかんせん》

●どちらがすばらしいか
※おもしろい、すぐれているなどの観点《かんてん》でも

- □作品《さくひん》A《エー》と作品《さくひん》B《ビー》
- □ある物語《ものがたり》のA《エー》の場面《ばめん》とB《ビー》の場面《ばめん》
- □詩《し》のA《エー》の連《れん》とB《ビー》の連《れん》

●どちらの方《ほう》が必要《ひつよう》か

- □コンビニとスーパー
- □新聞《しんぶん》とテレビ
- □エレベーターとエスカレーター
- □パソコンとスマホ

●賛成《さんせい》か反対《はんたい》か

- □授業《じゅぎょう》でシャープペンシルを使《つか》うこと
- □子《こ》どもがスマホを持《も》つこと
- □教室《きょうしつ》でペットをかうこと

④物語風《ものがたりふう》作文《さくぶん》

日常《にちじょう》のできごとや過去《かこ》の思《おも》い出《で》など、実際《じっさい》に経験《けいけん》したことの一部《いちぶ》を切《き》り取《と》り物語風《ものがたりふう》に書《か》きましょう。

- □朝《あさ》のできごと
- □○○の授業《じゅぎょう》でのできごと
- □ある日《ひ》の休《やす》み時間《じかん》
- □ある日《ひ》の給食《きゅうしょく》の時間《じかん》
- □ある日《ひ》のそうじ中《ちゅう》
- □ある日《ひ》の登校《とうこう》(下校《げこう》)中《ちゅう》
- □ある日《ひ》の習《なら》いごとでのできごと
- □塾《じゅく》でのできごと
- □運動会《うんどうかい》でのできごと
- □社会科見学《しゃかいかけんがく》でのできごと
- □遠足《えんそく》でのできごと
- □家族旅行《かぞくりょこう》でのできごと
- □夏休《なつやす》みの思《おも》い出《で》
- □クリスマスのできごと
- □お正月《しょうがつ》のできごと
- □忘《わす》れられないできごと
- □いたい思《おも》い出《で》
- □わたしの大成功《だいせいこう》
- □わたしの大失敗《だいしっぱい》

巻末特別《かんまつとくべつ》ふろく②

魔法《まほう》の作文《さくぶん》ワークシート

作文《さくぶん》がぐんぐん上達《じょうたつ》する特別《とくべつ》な作文用紙《さくぶんようし》です。
けい線《せん》の特製作文用紙《とくせいさくぶんようし》と、特製《とくせい》の原稿用紙《げんこうようし》がありますが、
まずはけい線《せん》のほうから取《と》り組《く》みましょう。
なれてきたら、原稿用紙《げんこうようし》にチャレンジです。
拡大《かくだい》コピーして、何枚《なんまい》でも書《か》いていきましょう。

使《つか》い方《かた》

●18行特製作文用紙《ぎょうとくせいさくぶんようし》、20行特製作文用紙《ぎょうとくせいさくぶんようし》（書《か》き方《かた》ガイドつき）

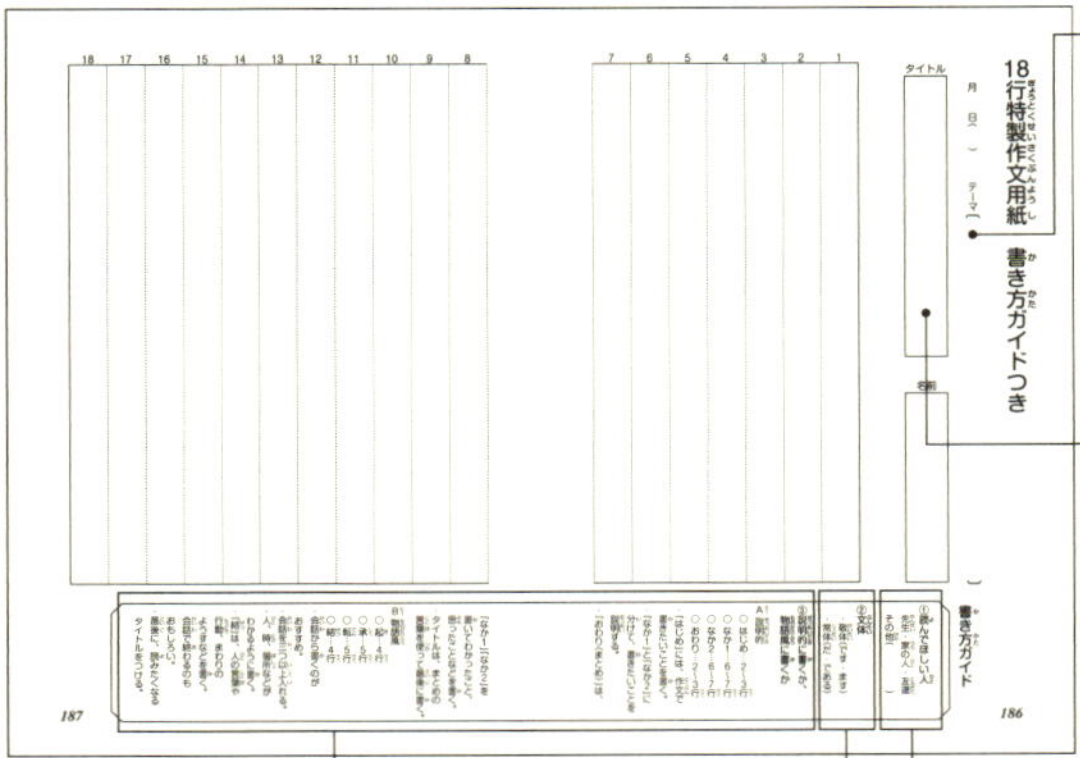

【テーマ】
タイトルや本文《ほんぶん》を書《か》き始《はじ》める前《まえ》に、何《なに》についての作文《さくぶん》かを書《か》きます。（例《れい》）夏休《なつやす》みの思《おも》い出《で》、わたしの宝物《たからもの》など

【タイトル】
最初《さいしょ》に書《か》かず、本文《ほんぶん》を書《か》いた後《あと》に「おわり（まとめ）」の部分《ぶぶん》（最後《さいご》の段落《だんらく》）から言葉《ことば》を選《えら》んでタイトルにします。

【作文《さくぶん》の構成《こうせい》】
「説明的《せつめいてき》」か「物語風《ものがたりふう》」かを選《えら》びます。

【文体《ぶんたい》】
敬体《けいたい》（です・ます）か常体《じょうたい》（だ・である）のどちらか一方《いっぽう》に統一《とういつ》します。

【読《よ》んでほしい人《ひと》】
だれに向《む》けて書《か》くか選《えら》びます。それによって選《えら》ぶ言葉《ことば》も変《か》わってきます。

●400字特製原稿用紙《じとくせいげんこうようし》（30の技法《ぎほう》つき）

原稿用紙《げんこうようし》の下《した》に、この本《ほん》でしょうかいしてきた作文《さくぶん》のコツを30の技法《ぎほう》としてまとめました。ひとつの作文《さくぶん》のなかにすべてが必要《ひつよう》なわけではありませんが、なるべく多《おお》くの技法《ぎほう》を取《と》り入《い》れられるようにチェックしながら書《か》きましょう。

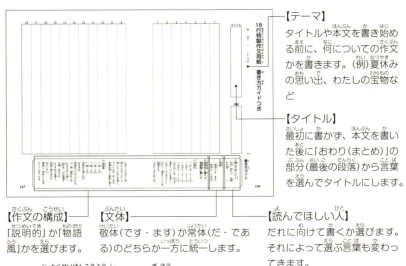

18行《ぎょう》特《とく》製《せい》作《さく》文《ぶん》用《よう》紙《し》　書《か》き方《かた》ガイドつき

月　日（　）　テーマ（　　）

タイトル

名前

1
2
3
4
5
6
7

書《か》き方《かた》ガイド

①読《よ》んでほしい人《ひと》
先生《せんせい》・家《うち》の人《ひと》・友達《ともだち》
その他《ほか》（　　）

②文体《ぶんたい》
・敬体《けいたい》（です・ます）
・常体《じょうたい》（だ・である）

③説明的《せつめいてき》に書《か》くか、
物語風《ものがたりふう》に書《か》くか

A《エー》　説明的《せつめいてき》
○ はじめ…2～3行《ぎょう》
○ なか1…6～7行《ぎょう》
○ なか2…6～7行《ぎょう》
○ おわり…2～3行《ぎょう》

・「はじめ」には、作文《さくぶん》で書《か》きたいことを書《か》く。
・「なか1」と「なか2」に分《わ》けて、書《か》きたいことを説明《せつめい》する。
・「おわり（まとめ）」は、

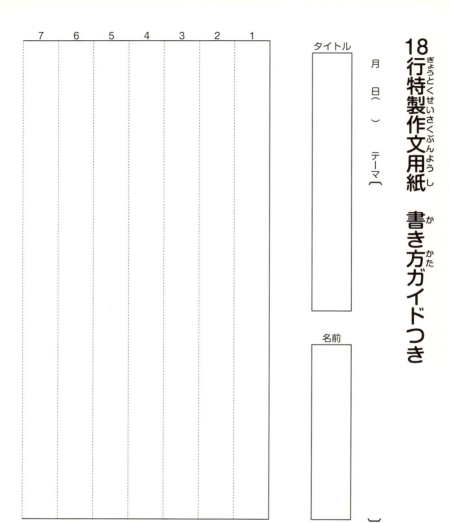

18 17 16 15 14 13 12 11 10 9 8

「なか1」「なか2」を
書《か》いてわかったこと、
思《おも》ったことなどを書《か》く。
・タイトルは、まとめの
言葉《ことば》を使《つか》って最後《さいご》に書《か》く。

B《ビー》 物語風《ものがたりふう》
○起《き》…4行《ぎょう》
○承《しょう》…5行《ぎょう》
○転《てん》…5行《ぎょう》
○結《けつ》…4行《ぎょう》
・会話《かいわ》から書《か》くのが
おすすめ。
・会話《かいわ》を三《みっ》つ以上《いじょう》入れる。
・人《ひと》、時《とき》、場所《ばしょ》などが
わかるように書《か》く。
・「結《けつ》」は、人《ひと》の言葉《ことば》や
行動《こうどう》、まわりの
ようすなどを書《か》く。
会話《かいわ》で終《お》わるのも
おもしろい。
・最後《さいご》に、読《よ》みたくなる
タイトルをつける。

20行《ぎょう》特製作文用紙《とくせいさくぶんようし》　書《か》き方《かた》ガイドつき

月　日（　）　テーマ（　）

タイトル

名前

書《か》き方《かた》ガイド

①読《よ》んでほしい人《ひと》
先生《せんせい》・家《うち》の人《ひと》・友達《ともだち》
その他《ほか》（　）

②文体《ぶんたい》
・敬体《けいたい》（です・ます）
・常体《じょうたい》（だ・である）

③説明的《せつめいてき》に書《か》くか、物語風《ものがたりふう》に書《か》くか

A《エー》説明的《せつめいてき》
○はじめ…2〜3行《ぎょう》
○なか1…6〜8行《ぎょう》
○なか2…6〜8行《ぎょう》
○おわり…3〜4行《ぎょう》

・「はじめ」には、作文《さくぶん》で書《か》きたいことを書《か》く。
・「なか1」と「なか2」に分《わ》けて、書《か》きたいことを説明《せつめい》する。
・「おわり（まとめ）」は、

9 10 11 12 13 14 15 16 17 18 19 20

「なか1」「なか2」を
書《か》いてわかったこと、
思《おも》ったことなどを書《か》く。
・タイトルは、まとめの
言葉《ことば》を使《つか》って最後《さいご》に書《か》く。

B《ビー》 物語風《ものがたりふう》
○起《き》…5行《ぎょう》
○承《しょう》…5行《ぎょう》
○転《てん》…6行《ぎょう》
○結《けつ》…4行《ぎょう》
・会話《かいわ》から書《か》くのが
おすすめ。
・会話《かいわ》を三《みっ》つ以上《いじょう》入《い》れる。
・人《ひと》、時《とき》、場所《ばしょ》などが
わかるように書《か》く。
・「結《けつ》」は、人《ひと》の言葉《ことば》や
行動《こうどう》、まわりの
ようすなどを書《か》く。
会話《かいわ》で終《お》わるのも
おもしろい。
・最後《さいご》に、読《よ》みたくなる
タイトルをつける。

400字特製原稿用紙《じとくせいげんこうようし》　30の技法《ぎほう》つき

月　日（　）　テーマ〔　　〕

タイトル

名前

作文《さくぶん》の技法《ぎほう》30

□にチェックしよう

1 □ 説明的作文《せつめいてきさくぶん》・時系列型《じけいれつがた》
2 □ 説明的作文《せつめいてきさくぶん》・観点型《かんてんがた》
3 □ 説明的作文《せつめいてきさくぶん》・比較型《ひかくがた》
4 □ 物語風作文《ものがたりふうさくぶん》
5 □ 敬体《けいたい》・常体《じょうたい》
6 □ 時《とき》（いつ）
7 □ 場所《ばしょ》（どこ）
8 □ 人物《じんぶつ》（だれ）
9 □ 対象《たいしょう》（なに）
10 □ 行動《こうどう》（なぜ、どのように）
11 □ 会話《かいわ》
12 □ 音《おと》
13 □ 形《かたち》
14 □ 色《いろ》
15 □ におい
16 □ 味《あじ》

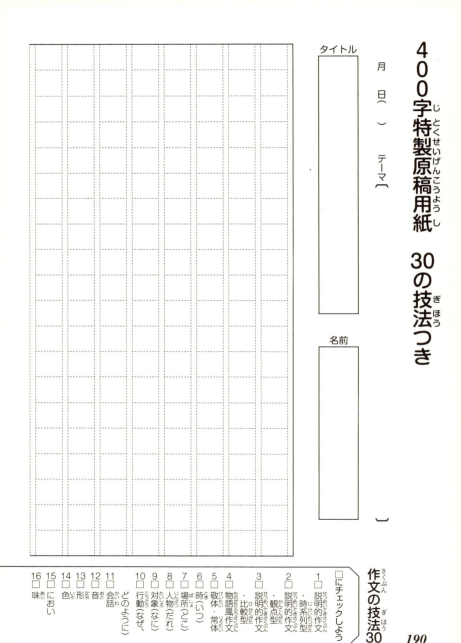

17 □ 触感《しょっかん》
18 □ 数《かず》
19 □ 一文《いちぶん》を短《みじか》く
20 □ 話《はな》し言葉《ことば》を書《か》き言葉《ことば》に
21 □ 一文《いちぶん》のはじめとおわり
22 □ 助詞《じょし》（てにをは）
23 □ 指示語《しじご》（こそあど）
24 □ 接続語《せつぞくご》
25 □ 修飾語《しゅうしょくご》
26 □ 擬音語《ぎおんご》
27 □ 擬態語《ぎたいご》
28 □ 比喩《ひゆ》（たとえ）
29 □ まとめの言葉《ことば》でタイトル
30 □ 推敲《すいこう》（見直《みなお》し）

■キャラクター原作／藤子・F・不二雄
■まんが監修／藤子プロ
■監修／岩下修
■カバーデザイン／横山和忠
■カバー絵・まんが
イラスト／弘田マサユキ
■校閲／麦秋アートセンター
■DTP／株式会社 昭和ブライト
■編集担当／田伏優治（小学館）

ドラえもんの学習シリーズ
ドラえもんの国語おもしろ攻略
［新版］すらすら作文が書ける

2025年2月23日　初版第1刷発行

発行者　野村敦司

発行所　株式会社 小学館

東京都千代田区一ツ橋2-3-1　〒101-8001
電話・編集／東京　03（3230）5449
販売／東京　03（5281）3555

印刷所　株式会社昭和ブライト、TOPPANクロレ株式会社
製本所　株式会社若林製本工場

ISBN978-4-09-253754-5